Runas del Futhark Antiguo

Revelando la Adivinación Rúnica, Magia Nórdica, Hechizos y Símbolos Rúnicos

Su regalo gratuito

¡Gracias por descargar este libro! Si desea aprender más acerca de varios temas de espiritualidad, entonces únase a la comunidad de Mari Silva y obtenga el MP3 de meditación guiada para despertar su tercer ojo. Este MP3 de meditación guiada está diseñado para abrir y fortalecer el tercer ojo para que pueda experimentar un estado superior de conciencia.

https://livetolearn.lpages.co/mari-silva-third-eye-meditation-mp3-spanish/

¡O escanee el código QR!

Índice de Contenidos

Introducción

Las runas del Futhark antiguo son símbolos mágicos que transmiten la historia de la vida desde su primera creación en el Universo hasta el nacimiento, la muerte y el renacimiento de cada ser vivo. Según la mitología nórdica, estas fuerzas tienen lugar constantemente en la naturaleza y también están presentes en todos los aspectos de la magia. Las tribus germánicas que vivían en el norte de Europa descubrieron hace siglos que las runas proporcionaban una salida a la magia natural. También las utilizaron como herramientas para aprovechar la energía natural.

Este libro le ayudará a comprender que la magia de las runas nórdicas no está limitada por el simbolismo de alguna runa individual. Además, los significados de cada una de las runas también están ligados al significado de las otras. Las runas del Futhark antiguo inicialmente no eran más que una serie de sonidos, a menudo descritos como encantamientos. También se utilizaban para comunicarse con el mundo espiritual y la naturaleza y para expresar gratitud. Todos estos aspectos son herramientas valiosas para un practicante de magia nórdica contemporánea, independientemente de su nivel de experiencia.

Este libro le enseñará cómo utilizar las runas nórdicas en orden inverso al de cómo fueron descubiertas. En lugar de escribir los símbolos después de familiarizarse con su concepto tal como sucedió a lo largo de los siglos, primero practicará escribirlas como una forma de familiarizarse con su significado. Aquí es donde la parte práctica del libro, la cual es fácil de usar, resultará útil. Esto le enseñará cómo equiparar las 24 runas del Futhark antiguo con las letras del alfabeto latino, comenzando con la F y terminando con la O.

Después de practicar su forma escrita, estará listo para aprender sobre los tres propósitos de las runas: comunicación, adivinación e invocaciones. La segunda mitad de este libro proporciona muchas técnicas prácticas para incorporar estas intenciones a su práctica. No solo eso, sino que también incluirá todos los diferentes significados asociados con cada runa.

La cantidad de formas en que incorporas runas nórdicas en prácticas mágicas es infinita. Esto se ha vuelto más que evidente a través del reciente resurgimiento de Asatru, el Odinismo y otros enfoques mágicos nórdicos similares. Independientemente de lo que implique su práctica de magia nórdica, ampliar su conocimiento sobre las runas del Futhark antiguo le permitirá acceder a nuevas vías de adivinación, hechizos y más.

Al ser la forma más antigua del alfabeto rúnico, el Futhark antiguo representa la puerta de entrada a la forma de magia más elemental y empoderadora. Entonces, si está listo para empoderarse a través de las runas nórdicas, siga leyendo. Descubrirá un mundo donde usar la magia natural es tan fácil como respirar. Una vez que se familiarice con todo el simbolismo rúnico y aprenda a crear el propio, encontrar formas de enriquecer su práctica será una de sus mayores fortalezas. Después de todo, la adivinación, los hechizos, la comunicación espiritual y los rituales no son las únicas formas de aprovechar la energía a través de las runas. También puede incorporarlo a sus ejercicios de meditación, usarlos como protección mientras duerme o incluso usarlos como joyas y otras formas de talismanes. Con todas estas formas de hacerse más consciente de la magia nórdica, ¡usted decide cómo y cuándo empezar a implementarlas!

Capítulo 1: Introducción a la Mitología Nórdica

No podemos hablar de las runas del Futhark antiguo sin mencionar su origen, que era la mitología nórdica. Quizás esté familiarizado con la mitología nórdica, ya que los personajes de Marvel, Thor, Loki y Odín, se inspiraron en ella. El autor inglés Neil Gaiman también se inspiró en la mitología nórdica y escribió un libro con el mismo nombre. Muchos de los personajes de su novela "Dioses americanos" (que luego se convirtió en un programa de televisión) se basaron en dioses nórdicos como Loki y Odín. Otro autor inglés fuertemente influenciado por la mitología nórdica es J. R. R. Tolkien, especialmente en sus populares novelas El Señor de los Anillos y El Hobbit. La mitología nórdica llegó a la cultura moderna junto con los vikingos o nórdicos, retratados en varias películas y programas de televisión.

Los vikingos eran un grupo de personas de varios países como Islandia, Noruega, Suecia y Dinamarca que seguían la religión pagana nórdica. Eran exploradores, comerciantes, conquistadores, asaltantes y colonos. Vivieron durante la apropiadamente llamada "Era vikinga" desde 793 EC hasta 1066 EC. Viajaron a múltiples lugares fuera de Europa, como la antigua Bagdad y América del Norte, que descubrieron siglos antes de que naciera Cristóbal Colón. Hablaban el idioma nórdico antiguo, un idioma germánico, y escribían runas que analizaremos en detalle en los próximos capítulos.

Diversas razones llevaron a los vikingos a abandonar su tierra natal y conquistar el mundo. Sin embargo, lo que deseaban más que nada era riqueza y poder. Nos dejaron muchos poemas, leyendas y sagas de sus vidas durante la época precristiana. De hecho, sabemos más sobre la religión de los vikingos que sobre cualquier otra religión germánica. Sin embargo, todas las religiones germánicas compartían algunas similitudes con el paganismo nórdico.

Aunque las mitologías griega y romana y sus dioses son más populares, esto no hace que la mitología nórdica y sus dioses y leyendas sean menos fascinantes. A medida que más y más personas descubren la mitología nórdica, su popularidad crece, lo que ha dejado su huella en la civilización moderna. Sin embargo, si cree que sabe todo sobre la mitología nórdica después de ver una película o un programa de televisión, estamos aquí para decirle que las verdaderas leyendas son mucho más fascinantes. Este capítulo se centrará en la mitología nórdica y revelará sus numerosos secretos.

¿Qué Es la Mitología Nórdica?

Podemos pensar que sabemos que la mitología nórdica se basó en lo que sabemos sobre sus intrépidos guerreros, los vikingos, o sus dioses populares, Thor y Loki. Sin embargo, existe mucho más sobre esto de lo que se representa en la cultura moderna. Una gran parte de la mitología nórdica era su religión y las diversas creencias fuertemente practicadas y seguidas por los germánicos europeos. Todas las tribus que residían en el norte y centro de Europa en ese momento practicaban la misma religión nórdica y hablaban las mismas lenguas nórdicas. Aunque varias culturas practicaron el cristianismo durante la Edad Media, los nórdicos se mantuvieron fieles a su religión y creencias paganas.

La religión nórdica no era diferente de otras religiones, ya que también se basaba en historias que enseñaban a las personas lecciones morales y les ayudaban a comprender y aprender sobre el mundo que los rodeaba. La mitología nórdica es una colección de historias y cuentos de varios dioses y diosas. Los vikingos encontraron significado en estas historias, ya que les brindaron la sabiduría y la guía que necesitaban para vivir sus vidas. Los vikingos nunca dieron un nombre propio a sus religiones como el cristianismo, el islam, el budismo y otras religiones. Simplemente se referían a ellas como "tradición".

Si hay algo que todas las religiones tienen en común es la creencia en lo divino o en un poder superior. Esto también incluye a la religión nórdica. Tenía sus propios métodos de adoración y conexión con lo divino. Estos métodos pueden parecer extraños e inusuales al principio. Sin embargo, en esencia, eran simplemente búsquedas humanas para ayudar a las personas a encontrar la alegría de estar conectadas con un poder superior y vivir sus vidas en presencia de lo divino. Los vikingos veían su mundo de otra manera. Encontraban que todo, ya fuera su cultura o su naturaleza, era encantador y maravilloso.

Por eso nunca intentaron cambiar las cosas y las dejaban como estaban. Esto no quiere decir que la mitología nórdica pintara el mundo como un lugar perfecto. Por el contrario, sus mitos reconocen que la vida puede ser injusta y estar llena de desgracias y tristezas. La forma en que enfrente estos desafíos y realice buenas obras para un bien superior puede ayudarle a vivir una buena vida y alcanzar el Valhalla.

Valhalla es una antigua palabra nórdica que significa "el salón de los caídos". Es similar a nuestro concepto moderno del cielo. Es el lugar o "salón" en el más allá donde Odín (dios de los muertos y gobernante del Valhalla) alberga las almas de los muertos. Se cree que solo los valientes soldados vikingos que murieron en la batalla pueden ir allí.

Los vikingos no creían solo en un dios. Al igual que los antiguos griegos, romanos y egipcios, creían en varios dioses y asignaban una deidad para todo. Por ejemplo, Odín era el dios de la muerte, Thor era el dios del trueno y Loki era el dios de la travesura. Había alrededor de 66 dioses y diosas en los que creía el pueblo germánico. Como en la mayoría de las religiones similares, también había un dios que servía como jefe de todas las demás deidades, y Odín desempeñaba este papel. Estaba casado con la diosa de la fertilidad, Frigg, quien se convirtió en la diosa principal después de casarse con Odín. Tuvieron hijos gemelos, Hodr y Baldur. Se cree que Odín se casó con otras diosas y también tuvo muchas aventuras con otras diosas y gigantas, lo que resultó en muchos hijos como Thor (el dios del trueno), Heimdall (el vigilante de Asgard, donde residen los dioses nórdicos), Vidar (dios de la venganza), Bragi (dios de la poesía), Hermodr (mensajero de los dioses), Tyr (el más valiente de todos los dioses) y muchos otros. Sin embargo, a diferencia de las películas de Marvel, Loki no era hijo de Odín, en cambio, era compañero de algunos dioses, incluidos Odín y Thor.

Los dioses no eran representados como seres perfectos, pero poseían diversas cualidades humanas, y algunas de ellas no eran precisamente buenas, como en el caso de Loki. Para comprender mejor la mitología nórdica y sus diversas deidades, veamos algunos de sus mitos populares.

El Mito de la Muerte de Baldur

Baldur era hijo de Odín y su esposa, Frigg. Era muy popular, amado y respetado entre todos los dioses. Su popularidad se debía a su generosidad, coraje y personalidad alegre. A todos les encantaba pasar tiempo con él. Baldur comenzó a tener pesadillas en las que algo terrible le sucedía. Muchas culturas antiguas creían que sus sueños tenían significado en aquel entonces. Como resultado, Baldur se volvió cauteloso y recurrió a otros dioses, incluido su padre Odín, para encontrar el significado detrás de estos sueños.

Odín, preocupado por su hijo, se disfrazó y viajó al inframundo para buscar la ayuda de una vidente muerta. Una vidente es una mujer que puede realizar hechicería y predecir el futuro. La vidente que buscaba Odín era conocida por su sabiduría e interpretación de los sueños. A su llegada al inframundo, Odín notó que se estaban realizando decoraciones y preparativos para un banquete. Odín estaba desconcertado y fue a ver a la vidente para preguntarle sobre el motivo de la festividad. La vidente no tenía idea de que estaba hablando con el dios principal y le dijo que la festividad se celebraba en honor de Baldur. Sin embargo, este evento no terminaría felizmente. Ella le informó que Baldur moriría esta noche durante estas festividades. De repente, la vidente se quedó en silencio y se abstuvo de dar más información porque se dio cuenta de que el hombre con el que hablaba no era otro que Odín.

Odín estaba desconsolado por el destino que le sucedería a su hijo, regresó a Asgard y compartió esta información con los otros dioses. Cuando Frigg se enteró del destino que le esperaba a su hijo, decidió hacer todo lo posible para salvarlo. Ella acudió a todas las entidades vivas y no vivas del universo y les hizo jurar no dañar nunca a su hijo. Nada ni nadie podría tocar a Baldur ahora. Incluso cuando otros dioses, en broma, arrojaban piedras a Baldur, él permanecía ileso. Ni las rocas ni nadie ni nada rompía su juramento.

Loki, que prosperaba con el caos y las travesuras, fue a Frigg disfrazado de mujer para averiguar si todas las entidades habían jurado no dañar a Baldur. Frigg le dijo que solo el muérdago no había prestado juramento porque era muy pequeño e inofensivo, y que no creía que pudiera dañar a su hijo. Loki encontró una gran oportunidad para deshacerse de Baldur, de quien estaba celoso. Esto podría haber sido el resultado de la popularidad de Baldur o porque a Loki le gustaba meterse con los dioses y ver a todos sufrir.

El dios de la travesura talló una lanza de muérdago y fue al lugar donde los dioses jugaban con Baldur. Le tiraron cosas para ver qué podía hacerle daño. Hodr, el hermano gemelo de Baldur, era ciego y no podía participar en estos juegos. Loki lo convenció de que debería unirse a la diversión. También fue un honor demostrarle a Baldur lo invencible que era. Loki se ofreció a ayudar a Hodr a lanzar la lanza en la dirección correcta. Sin saber que estaba siendo engañado, Hodr arrojó la lanza de muérdago a su hermano, quien murió en el acto.

Este fue un incidente terrible que dejó a todos los dioses sin palabras. Consideraron la muerte de Baldur como una señal que provocaría el Ragnarok, o el fin del universo. Nana, la esposa de Baldur, no pudo soportar el dolor y murió durante el funeral de su marido y fue enterrada a su lado. Es comprensible que Frigg estuviera desconsolada, pero se recompuso para tratar de encontrar un dios leal y valiente que pudiera viajar al inframundo y encontrarse con la diosa de la muerte, Hel, la hija de Loki. Frigg quería ofrecerle a Hel una recompensa para traer de vuelta a Baldur y su esposa. Hermod, uno de los muchos hijos de Odín, se ofreció a emprender el viaje.

Hermod viajó durante nueve noches hasta llegar al inframundo y encontrarse con Hel. Encontró a Baldur sentado junto a Hel en el asiento de honor. Sin embargo, no era el ser alegre que todos conocían; estaba pálido y abatido. Hermod le rogó a Hel que trajera a su hermano de regreso a la tierra de los vivos. Él le contó cómo todos los seres vivos y los dioses estaban de luto por la muerte de Baldur. Ella le dijo que demostrara que todos estaban de luto por él. Hel le prometió que si todos los seres del universo lloraban por Baldur, ella le devolvería la vida. Sin embargo, Baldur permanecería en el inframundo si una criatura no lo hacía.

Hermod llevó el mensaje y los dioses lo enviaron por todo el cosmos. Todos y todo lloró por Baldur excepto Tokk, la giganta. Quizás lo haya adivinado. Esta no era una verdadera giganta, sino que era Loki disfrazado como tal para evitar que Baldur regresara. Su plan tuvo éxito y la luz de Baldur desapareció para siempre, condenado a pasar la eternidad en el frío y oscuro inframundo.

Lo que hizo Loki no podía quedar impune. Sabía que los dioses estaban enojados y vendrían por él. Escapó y se transformó en un salmón, pero Odín lo encontró e informó a los dioses de su ubicación. Loki era muy inteligente y los dioses lucharon por atraparlo mientras cambiaba de forma y se escondía en el mar. Sin embargo, después de muchos intentos fallidos, Thor logró atrapar a Loki. Los dioses lo ataron a una cueva y dejaron una serpiente encima de él, goteando veneno sobre su rostro. Los gritos de Loki fueron tan fuertes que hicieron temblar la tierra. Permaneció en la cueva hasta el Ragnarok.

El Mito de Ragnarok

Si ve películas de Marvel, probablemente este nombre le suene familiar. Ragnarok apareció en una de las películas de Thor. Aunque la historia fue retratada en un tono ligero, el mito detrás de él es mucho más oscuro. Si las historias de los vikingos fueran capítulos, el mito de Ragnarok debería ser el que cierra el libro, ya que predice el fin del universo. La palabra Ragnarok significa "el destino de los dioses". Los vikingos creían que Ragnarok sucedería en algún momento del futuro.

Un día, las Nornas (seres femeninos que controlaban el destino de los dioses y de la humanidad y que eran incluso más poderosas que todos los dioses, incluido Odín) impondrán un gran invierno. Será diferente a cualquier invierno que el mundo haya visto jamás. Habrá nieve procedente de todas direcciones, viento cortante y frío glacial. Este invierno será más largo que cualquier otro invierno y durará aproximadamente un año donde no se experimentará el calor de la primavera ni el calor del verano. Como resultado, la Tierra perecerá y la gente tendrá dificultades para encontrar comida. No tendrán más remedio que renunciar a su moral y violar la ley para luchar por su supervivencia. Las familias se volverán unas contra otras y utilizarán sus armas en lugar de sus lenguas. Los padres matarán a sus hijos y los hermanos se matarán entre sí.

Skoll y Hati, dos lobos míticos que pasaban su tiempo persiguiendo al sol y a la luna, lograrán su objetivo durante el Ragnarok y devorarán el sol y la luna. Las estrellas también desaparecerán, dejando los cielos y el mundo vacíos y oscuros. El poderoso árbol Yggdrasil que mantiene unido el cosmos temblará y provocará el colapso de todas las montañas y los árboles. Fenrir, un lobo monstruoso e hijo de Loki (a quien los dioses han encadenado), se liberará y causará estragos. Su boca es enorme y correrá devorando todo y a todos a su paso. Su hermano Jormungandr, la serpiente que reside en el fondo del océano, se levantará e inundará la Tierra. Utilizará su veneno para envenenar el aire, la tierra y el agua de la Tierra. Luego viene Naglfar, que es un barco hecho con las uñas de los muertos y cuya tripulación son todos gigantes, y su capitán es el mismísimo dios de las travesuras: Loki. Según el mito, Loki se liberará de su cueva durante el Ragnarok y se unirá a su tripulación en Naglfar. Luego, navegarán y destruirán todo a su paso.

El cielo se abrirá, allanando el camino hacia Muspelheim, un mundo mítico donde residen gigantes hechos de fuego. Su líder tendrá espadas más brillantes que el sol. Él y su gente llegarán a Asgard a través de Bitforst (un puente arcoíris custodiado por Heimdall que conecta con Midgard, el mundo donde reside la humanidad). Los habitantes de Muspelheim destruirán el puente. Heimdall advertirá a los dioses que ha llegado el momento que temían. Los dioses estarán decididos a no caer sin luchar y se prepararán para enfrentarse a los invasores. Sus acciones demuestran extremo coraje y valentía, ya que saben por varias profecías que la batalla no terminará a su favor.

Con la ayuda de los espíritus de todos los soldados del Valhalla, Odín se enfrentará a Fenrir. Odín y sus soldados lucharán con todo lo que tienen, pero, lamentablemente, no serán rival para Fenrir, quien los devorará a todos. Vidar, el hijo de Odín, irá tras Fenrir para vengar a su padre. Llevará un zapato hecho para este mismo momento. Vidar tendrá éxito y matará a Fenrir. Loki y Heimdall lucharán a muerte, ya que ambos dioses se matarán entre sí. Freyr, el dios de la paz y uno de los dioses más queridos de la mitología nórdica, matará al líder de Muspelheim. Thor luchará contra Jormungandr y lo matará con su martillo, pero no antes de escupir su veneno sobre Thor, dejándolo morir momentos después. Lo que sea y quien quede después de esta batalla se hundirá en el mar. El mundo estará vacío como si nunca hubiera estado ocupado por dioses o humanidad. Parafraseando las famosas palabras de T.S. Eliot, así es como termina el mundo, no con una explosión, sino con Ragnarok.

Aunque muchos creyeron que este era el final de este mito, otros creyeron que esto era solo el comienzo. No todos los dioses caerán. Hodr, Vali, Vidar y los hijos de Thor, Modi y Magni, sobrevivirán. Un hombre y una mujer escondidos durante el Ragnarok emergerán y actuarán como Adán y Eva y poblarán el mundo. La hija del sol brillará e iluminará los cielos.

El Mito del Martillo de Thor

Si está interesado en los cómics y las películas de Marvel, probablemente tenga curiosidad por conocer los orígenes del martillo de Thor. Bueno, esta historia comienza nada menos que con Loki. Thor estaba casado con la diosa de la fertilidad, Sif, famosa por su largo y hermoso cabello dorado. Un día, Loki se sintió más travieso que de costumbre y decidió cortarle el pelo a Sif. Thor estaba furioso, capturó a Loki y le dijo que le rompería todos los huesos del cuerpo. Loki le rogó a Thor que le perdonara la vida, y él se ofreció a ir a la casa de los enanos para pedirles que crearan un nuevo cabello para Sif que sería maravilloso y más hermoso que su cabello anterior. Thor accedió a dejar ir a Loki y, por una vez, cumplió su palabra. Convenció a los enanos para que crearan una nueva cabellera para Sif.

Loki decidió quedarse con los enanos y también provocó el caos allí. Los desafió a los dos a crear algo único y mejor que los otros enanos. Incluso apostó su cabeza a que no serían capaces de crear nada especial. Loki se transformó en una mosca y se burlaba de los dos enanos mientras trabajaban. Uno de los enanos, Sindri, creó un martillo, diferente a todo lo que nadie había visto jamás. Una vez lanzado, el martillo siempre daría en el blanco, nunca fallaría y luego volaría de regreso a su dueño. Sin embargo, nada es perfecto y el martillo tenía un defecto: *su mango era demasiado corto*. Sindri llamó al martillo Mjollnir, que significa relámpago.

Loki tomó lo que los dos enanos crearon, incluido el cabello y Mjollnir, y se los dio como regalo a los dioses. Sif recibió el cabello y Thor recibió el Mjollnir. Los dioses apreciaron los regalos, pero le recordaron a Loki que perdió la apuesta y que por lo tanto les debía su cabeza a los enanos. Cuando los enanos vinieron a cobrar, Loki, el dios siempre tan astuto, les dijo que apostaba su cabeza y no su cuello. Los dos enanos decidieron entonces cerrarle la boca a Loki.

El Mito de Odín y las Runas

Ahora llegamos a la leyenda más importante de este capítulo: el descubrimiento de las runas. En la mitología nórdica, las runas se consideran el lenguaje de los dioses. De hecho, no podemos hablar de la mitología nórdica sin mencionar las runas porque jugaron un papel importante en la mitología. Odín siempre había buscado el conocimiento y la sabiduría. Incluso sacrificó sus ojos para beber agua de un pozo que le otorgaría conocimiento de todo. Antes de que el alfabeto latino se utilizara ampliamente, los nórdicos y los germánicos se basaban en letras denominadas runas. Sin embargo, las runas no eran alfabetos como los latinos, sino símbolos. Estos símbolos eran muy poderosos y Odín se mantuvo firme en descubrir sus secretos.

Las Nornas usaron las runas para moldear el destino de los dioses y de la humanidad grabando estos símbolos en Yggdrasil. Odín quería este poder para sí mismo y quería aprender sobre los misterios de las runas. Sin embargo, estos símbolos no se revelaban a nadie a menos que se consideraran dignos de tal poder. Odín, que nunca dudó en hacer un sacrificio por el conocimiento, se colgó de una rama de Yggdrasil y se atravesó con una lanza. Permaneció en esta posición mientras miraba hacia el agua. Dejó claro a todos los dioses que no debían rescatarlo. Después de nueve días, las runas finalmente aceptaron el sacrificio de Odín y comenzaron a revelar sus misterios. Odín comenzó a ver los símbolos de las runas y se le reveló todo el conocimiento detrás de ellas. Este conocimiento convirtió a Odín en uno de los seres más poderosos del universo y le permitió ayudarse a sí mismo y a sus amigos y vencer a sus enemigos.

No es de extrañar que la mitología nórdica sea extremadamente popular hasta el día de hoy. Está lleno de historias fascinantes sobre varios dioses y diosas. Los vikingos humanizaron a sus dioses dándoles fortalezas y debilidades en lugar de crear una imagen perfecta de lo divino. También experimentaron emociones humanas como ira, dolor, pérdida y envidia. Con Ragnarok, la historia de cómo se acaba el mundo, los vikingos describieron a sus dioses como héroes que estaban dispuestos a luchar incluso cuando sabían que perderían y perecerían. Esto es bastante similar a los rasgos de los soldados vikingos, conocidos por ser guerreros valientes y feroces.

Ahora que se ha familiarizado con la mitología nórdica, está listo para descubrir los secretos detrás de las runas.

Capítulo 2: La Historia de las Runas

En el capítulo anterior, discutimos cómo la sed de conocimiento de Odín lo llevó a descubrir los secretos de las runas. Odín, uno de los dioses más poderosos del universo, tuvo que ahorcarse para apaciguar a las Nornas y poder descubrir los misterios de las runas. ¿Era necesario su sacrificio? ¿Son las runas tan importantes? ¿Qué eran exactamente las runas? Estas son todas las preguntas que cubriremos en este capítulo.

¿Qué Son las Runas?

Las runas son un sistema de lectura, pero se consideraban como *mucho más*. Se las consideraba un regalo divino, y de hecho lo eran. Odín se sacrificó para aprender sobre las runas y transmitir su conocimiento a la humanidad. Aunque las runas actuaban como letras que los nórdicos usaban para comunicarse entre sí, eran diferentes de las letras a las que estamos acostumbrados hoy. Una runa es un símbolo pictográfico del poder cosmológico. Cuando escribe una runa, no está simplemente escribiendo una letra o dibujando un símbolo; está invocando el poder detrás de ella. Las runas dieron al pueblo germánico respuestas a las preguntas más complicadas de la vida y les ayudaron a mirar las situaciones desde una perspectiva diferente y más reveladora.

La palabra runa tiene un significado diferente en muchos idiomas. Por ejemplo, en nórdico antiguo significa "misterios", en irlandés antiguo significa "secreto" y en inglés antiguo significa "susurro"; en galés medio significa "encanto mágico", en finlandés significa "canto" o "canción" y en islandés significa "amigo". Antes de que la palabra "runas" se refiriera al alfabeto nórdico, solía significar un "mensaje silencioso". Muchas de estas traducciones son descripciones bastante apropiadas de las runas, ya que, de hecho, eran un lenguaje secreto hasta que Odín descubrió sus secretos.

A diferencia de cómo se escribieron los alfabetos a lo largo de los siglos utilizando tinta y papel, los nórdicos tallaron las runas en superficies duras como madera, metal o piedra.

Los nórdicos y los germánicos creían que las runas eran mágicas. Incluso las grababan en sus joyas, armas y amuletos para darles poder. Por esta razón, no usaban las runas simplemente como un alfabeto normal para escribir y comunicarse. Al igual que Odín, también creían en el poder metafísico detrás de los símbolos de las runas. Los nórdicos aprovecharon este poder para ayudar a comunicarse con el mundo sobrenatural y lo incorporaron en diferentes encantamientos.

Dado que las runas se consideraban divinas y encantadoras, estaban relacionadas con los nombres de varios dioses nórdicos. Por ejemplo, la runa Thurs está asociada con Thor y la runa Tyr está asociada con Tyr, el dios de la guerra.

Cómo el Pueblo Germánico Usaba las Runas

Se cree que los germánicos utilizaron las runas desde el 160 EC. hasta el 1500 EC. En lugar de utilizarlas simplemente para comunicarse entre sí, los vikingos utilizaban los símbolos rúnicos según los poderes que invocaban. Por ejemplo, descubrieron sus secretos y los usaron para predecir el futuro, marcaron las tumbas de sus héroes caídos con los símbolos de las runas y también las usaron para honrar a sus antepasados. También hay inscripciones rúnicas en edificios, ladrillos, paredes de acantilados, artesanías, arte, objetos religiosos, amuletos mágicos y armas.

Las rocas que los vikingos usaban para honrar a sus muertos se llaman piedras rúnicas. Hay miles de piedras rúnicas en Escandinavia y los historiadores estiman que hay más de 3000. Los vikingos necesitaban grandes rocas para conmemorar a sus muertos, ya que a veces les escribían un poema completo. Una de las piedras rúnicas más populares que incluía un poema era la piedra rúnica Kjula, que trataba sobre la caída de un hombre llamado Spear. Durante la era vikinga, las piedras rúnicas se encontraban normalmente cerca de las tumbas. Suelen encontrarse en Dinamarca y Noruega, pero la mayoría se encuentra en Suecia.

Aunque algunas personas creían que las runas podían predecir el futuro, otros creían que podían darles una idea de lo que les deparaba el futuro y ayudarles a encontrar soluciones a sus problemas. Las runas simplemente ofrecían sugerencias de lo que una persona debería hacer en caso de que ocurriera cierto evento. En pocas palabras, le dieron a la gente pistas sobre cómo debían actuar, pero el resto dependía de ellos. Eran libres de tomar sus propias decisiones o dejarse guiar por su intuición.

Los vikingos creían en el libre albedrío, por lo que cuando las runas sugerían algo sobre el futuro, no lo trataban como algo fijo. Creían que podrían cambiar el resultado si tomaban decisiones diferentes. Los nórdicos apreciaban la orientación de las runas, ya que les ayudaba a ver el panorama más amplio en diversas situaciones y les proporcionaba más información para tomar mejores decisiones.

Más tarde, los vikingos comenzaron a utilizar los alfabetos rúnicos para comunicarse. De hecho, durante siglos hemos creído que las runas solo se utilizaban en objetos religiosos y para conmemorar a los muertos. Sin embargo, en la década de 1950, los excavadores descubrieron en Noruega que los vikingos usaban las runas como alfabetos normales para la correspondencia y los negocios. Basta pensar en cómo usamos las letras ahora. Los vikingos usaban las runas con el mismo propósito. Ya sea que escribieran chistes, enviaran cartas de amor, inscribieran oraciones o enviaran mensajes personales, las runas fueron una gran parte de cómo los pueblos germánicos se comunicaban entre sí.

La Historia de las Runas

La fascinación por las runas no es algo nuevo. Desde que aparecieron en el "Señor de los Anillos" de J.R.R. Tolkien, la gente ha sentido curiosidad sobre ellas y sus orígenes. Los germánicos del norte fueron los que crearon los símbolos rúnicos en el año 100 EC. Los historiadores creen que cuando los germánicos atacaron lugares cerca del Mediterráneo, fueron influenciados por el antiguo alfabeto romano. Sin embargo, otros sostienen que fueron influenciados por las letras etruscas.

Cuando se descubrieron las runas por primera vez, solo se utilizaban para inscripciones. Los arqueólogos encontraron inscripciones rúnicas en un peine de Vimose en Dinamarca que creían que se remontaban al año 160 EC. Las runas eran una parte importante de la mitología nórdica, ya que los nórdicos las usaban para conmemorar sus principales eventos históricos, como sus guerras y las historias de sus dioses.

Aunque solo los nórdicos y los germánicos usaban las runas, inscripciones con ellas se encuentran en países como Inglaterra, Grecia, Rusia, Groenlandia y Turquía. Los viajeros vikingos no usaban ningún otro alfabeto, por lo que inscribían las runas dondequiera que iban de viaje o cuando conquistaban un nuevo país.

Los vikingos utilizaron las runas durante más de 3000 años hasta la Edad Media. Para entonces, los alfabetos latinos se estaban apoderando del mundo y el uso de las runas había desaparecido. Sin embargo, como se mencionó, todavía se utilizan en la literatura moderna.

En el siglo XX, los nazis volvieron a utilizar runas. Fueron responsables de sembrar confusión y retratar las runas de forma negativa. Creían que las runas eran el primer alfabeto conocido por el hombre. Sin embargo, esto no era cierto, ya que varias culturas tenían sus propios alfabetos mucho antes de que aparecieran las runas. Las modificaron y empezaron a utilizarlas, lo que provocó la difusión de información errónea en torno a estos símbolos. Por ejemplo, la esvástica, considerada un símbolo sagrado durante la era vikinga, se asoció con los nazis. Por suerte, autores como J.R.R. Tolkien y J.K. Rowling dieron una nueva vida a las runas y despertaron la curiosidad de la gente sobre su origen para que descubrieran que eran símbolos encantadores que no tenían raíces malignas o racistas.

Las Runas en la Literatura

Mencionamos que Odín quería tener el poder de las runas para él solo. De hecho, él siempre buscó el conocimiento y la sabiduría. Sin embargo, también estaba celoso de las Nornas y de cómo podían controlar el destino de todos utilizando el poder y el conocimiento de las runas. La historia de los celos y el sacrificio de Odín se menciona en el poema Hávamál, que se traduce como "Dichos del Altísimo", en referencia a Odín. Este poema es parte de las Eddas poéticas, que son colecciones de poemas anónimos en nórdico antiguo. Aún así, si no fuera por el sacrificio de Odín, se cree que la humanidad nunca habría podido aprender sobre las runas o su poder y magia. Odín fue quien le dio al mundo el conocimiento de las runas. Sin embargo, sabía lo poderosas que eran, por lo que se guardó algunas de las más poderosas para sí y compartió las demás con la humanidad. Esta es otra prueba de la sabiduría de Odín, ya que sabía que los hombres no podían manejar tal poder, pues, en la mayoría de los casos, los corrompía.

Las runas aparecían mucho en la literatura, especialmente en la poesía. Los nórdicos y los germánicos, como muchas otras culturas antiguas, no registraban sus cuentos por escrito, sino que los transmitían oralmente. Muchos de los poemas rúnicos que nos han llegado fueron escritos después de que el cristianismo se extendiera por Europa, cuando las ideas paganas ya no eran bienvenidas. Por este motivo, las runas pasaron por diversas interpretaciones. Pequeños versos de la literatura nórdica, islandesa e inglesa antigua explican el significado detrás de las runas. Sin embargo, estos versos fueron escritos después de que se perdió la tradición rúnica, razón por la cual algunos de estos poemas parecen contradecirse entre sí y pueden resultar confusos. Además, las runas se utilizaron en varios países escandinavos y creemos que no compartían los mismos significados.

Los Alfabetos Rúnicos en las Culturas Germánicas

Aunque nos referimos a ellos como alfabetos rúnicos, el sistema rúnico se llama runas Futhark. Se eligió este nombre para evitar confusiones. La palabra alfabeto proviene de las palabras "alfa" y "beta", las dos primeras letras del alfabeto griego. A diferencia de los alfabetos que usamos ahora, las runas no comenzaban con las letras A y B, razón por la cual los eruditos optaron por Futhark.

Al igual que la fuerte conexión del alfabeto latino con el cristianismo, la nobleza y los eruditos católicos, las runas Futhark desempeñaron un papel muy importante en la religión nórdica. Se utilizaban en diversos rituales y, hasta el día de hoy, se pueden encontrar inscripciones rúnicas en las paredes de las iglesias. Las runas y su conexión religiosa no deberían sorprender, ya que se consideraban divinas porque provenían de Odín.

Varias letras e inscripciones rúnicas descubiertas nos dieron una idea de cómo vivían la vida cotidiana los germánicos. Por ejemplo, se encontró grabada en un barco la palabra *litiluismo* que se traduce como "el hombre sabe poco". Esto puede reflejar la sabiduría de la gente de entonces y cómo eran conscientes de que no lo sabían todo y que aún quedaba mucho por aprender. También se encontró una inscripción en la iglesia Gol Stave en Noruega que dice: "*Kyss á mik, þvíat ek erfiða*", que se traduce como "bésame porque estoy preocupado". Se cree que este dicho se refiere a un santo que fue colgado allí. También había inscripciones rúnicas en varias cosas para declarar la propiedad sobre ellas. Por ejemplo, las mujeres grababan sus nombres y la palabra rúnica que significa "propio" en sus cubetas.

Los vikingos no eran solo guerreros. El amor y el romance también eran parte de su cultura. Los alfabetos rúnicos se utilizaban para enviar mensajes dulces y románticos, aunque utilizando algunos de los métodos más extraños. Por ejemplo, en los huesos de una vaca, estaba grabada la frase "*kyss mik*", que significa "bésame". En otro hueso estaban grabadas las palabras "*Óst min, kyss mik*", que significan "mi amor, bésame". También usaban las letras rúnicas para escribir poemas de amor, generalmente inscritos en varitas rúnicas.

Las letras rúnicas también se utilizaban en los negocios. Los comerciantes a menudo enviaban varitas rúnicas con inscripciones de la mercancía que enviaban a otros comerciantes. Por ejemplo, grababan el nombre del comerciante y agregaban los productos que vendía, como "El comerciante (nombre) le está enviando sal". También hubo grabados y breves inscripciones en joyas, especialmente en las que lucían las mujeres muertas. El significado exacto de estas inscripciones sigue siendo un misterio, ya que son difíciles de traducir. Sin embargo, es posible que hayan sido los nombres de los propietarios de las joyas o de sus creadores.

La palabra escrita siempre ha estado asociada a las noticias y los chismes. Las letras rúnicas no eran diferentes. Se encontraron grabados que indican que los germánicos usaban runas para difundir chismes ociosos. Los vikingos también solían grabar sus armas, pero todavía hay debates sobre el significado de estos grabados. Puede que haya sido los nombres de los propietarios del arma o de su fabricante. También podrían ser las características o los nombres del arma en sí. Por ejemplo, una de las armas tenía grabada la palabra rúnica que significa "negro". Podría ser el nombre del propietario, el fabricante o la descripción del arma. También se encontraron grabados en escudos. Estos grabados indican que los soldados y el platero sabían leer y escribir.

Mucha gente cree erróneamente que los vikingos no sabían leer. Probablemente esto sea el resultado de cómo se los suele representar en películas o programas de televisión: como salvajes a quienes solo les importa luchar o conquistar otros países. Sin embargo, por todo lo que hemos aprendido hasta ahora y por la existencia y popularidad de las runas en la época, es bastante obvio que los vikingos eran todo menos analfabetos. Entendían y utilizaban las runas en su vida cotidiana. La mayor prueba de que podían leer las runas corresponde a las miles de piedras rúnicas que se encontraron en toda Escandinavia. Sin embargo, algunos eruditos creían que los vikingos solo podían leer y comprender las runas en un nivel básico. Los vikingos creían que solo los dioses podían entender la sabiduría que había detrás de ellas.

Aunque los germánicos usaban las runas principalmente en su idioma escandinavo, más tarde comenzaron a usarlas también para escribir en otros idiomas. Se encontraron algunas inscripciones en las que los germánicos usaban las runas para escribir texto en latín, y también hubo un par de ocasiones en las que usaban las runas para escribir en inglés.

Runas en la Magia y Adivinación Nórdicas

Durante la era vikinga, las palabras no eran tan fáciles de pronunciar. No se podía decir una palabra y luego volver sobre ella. Las palabras tenían un poder extremo. La forma en que las personas pronunciaban cada palabra podía influir directamente en sus vidas. Una vez que una frase se pronuncia en voz alta, puede tener un gran impacto en la vida de una persona. Está ahí afuera, en el universo, y ningún poder puede recuperarlo. La realidad no puede influir en las palabras. De hecho, las palabras tienen el poder de crear la realidad. Las palabras son pensamientos. ¿Puede pensar sin usar palabras o lenguaje? Los idiomas influyen en nuestra percepción del mundo que nos rodea. Los vikingos creían que una vez que transformaban sus pensamientos en palabras, podían, hasta cierto punto, alterar la realidad.

Varios lingüistas creen que existe una conexión entre el significado de una palabra y el sonido que emite. En pocas palabras, el sonido lleva el significado de la palabra. Lo mismo se aplica a las runas, donde el sonido de cada palabra está conectado con su significado. Sin embargo, como se mencionó, las runas son símbolos, lo que añade otra capa a esta teoría. También existe una conexión entre la forma de la runa y el sonido que emite.

Por lo tanto, las runas no se usaban solo para comunicarse en el mundo físico. Estos símbolos eran lo suficientemente poderosos como para usarse para comunicarse con seres no humanos y también para llegar al mundo sobrenatural. Por esta razón, se pueden utilizar mientras se realizan hechizos mágicos. Anteriormente mencionamos cómo las Nornas usaban el poder de las runas para alterar el destino de los dioses y la humanidad. La mayoría de la gente usa la magia para cambiar su destino. Quieren hacerse ricos, enamorarse o curar a los enfermos. La magia se trata de reescribir la propia historia para que pueda cambiar el curso de su vida.

Como resultado de su impacto en el destino de cada uno, los germánicos descubrieron que, en esencia, las runas eran mágicas. Dicho esto, los académicos suelen tener debates sobre este tema. Algunos creen que, aunque los símbolos rúnicos se han utilizado en varios hechizos, eso no significa que sean de naturaleza mágica. Sin embargo, los vikingos pueden no estar de acuerdo con la saga de Egil, que describía la vida del clan Egill Skallagrímsson. Un día, Egil, un poeta vikingo, estaba de viaje. Conoció a un granjero vikingo que invitó a Egil a compartir una comida con él. El granjero tenía una hija muy enferma, por lo que le pidió a Egil que le ayudara a encontrarle un remedio. Mientras Egil examinaba a la niña, se encontró con una sorpresa inesperada. En la cama de la niña había un hueso de ballena con inscripciones rúnicas.

Cuando Egil preguntó al padre de la niña sobre el hueso, le dijo que el hijo de otro granjero había grabado estas runas. Dijo que el niño era analfabeto y probablemente no tenía idea de lo que significaban estas inscripciones. Esto era cierto, ya que el niño solo quería que la hija del granjero se enamorara de él. Sin embargo, como no entendía el significado detrás de los símbolos, usó los incorrectos y enfermó a la niña. A diferencia del joven, Egil era un experto. Le dijo al padre que estas inscripciones eran las que enfermaban a su hija. Egil tomó el hueso y lo destruyó con fuego. Escribió una nueva inscripción usando runas diferentes a las que usaba el joven granjero. Esto tenía como objetivo revertir la malicia de las inscripciones de ballena. Las nuevas runas hicieron su magia y la niña se recuperó rápidamente. Esto significa que las runas no solo se usaban para hechizos, sino que los nórdicos creían que los símbolos en sí eran mágicos.

Esta historia demuestra que los nórdicos creían en los poderes mágicos detrás de las runas. Entendían que estos símbolos eran lo suficientemente fuertes como para enfermar gravemente a alguien y ayudarlo a recuperarse fácilmente. No solo usaban el poder mágico de las runas en las inscripciones. Estos símbolos también se utilizaban en diversos hechizos y fórmulas mágicas. Las runas también se usaban para hechizos de protección, para encontrar el amor, para curar a los enfermos y para todo lo demás. Sin embargo, uno debe comprender el significado detrás de cada símbolo rúnico antes de intentar usarlos, o pueden resultar contraproducentes, como hemos aprendido de la historia de la hija del granjero.

Odín también usó la magia rúnica. Tenía una lanza llamada Gungnir, grabada con símbolos rúnicos mágicos, y estos símbolos le daban a Gungnir poderes mágicos. Al igual que el martillo de Thor, Mjölnir, Gungnir también fue creado por enanos y siempre podía alcanzar su objetivo sin fallar.

Los germánicos aprovecharon la relación entre el significado de la runa y su sonido fonético para realizar adivinaciones y poder predecir el futuro. En la mitología nórdica, los practicantes de adivinación podían prever el futuro para poder alterar su destino. Cuando los vikingos adquirieron experiencia en el uso de las runas, utilizaron lo que aprendieron para practicar la adivinación. Entendemos que las runas eran una herramienta vital que los vikingos utilizaban en la adivinación. Sin embargo, no sabemos cómo las usaban, ya que esta información nunca llegó hasta nosotros. El objetivo principal de Odín al compartir las runas con la humanidad era la magia. No tenía ningún interés en que la gente las usara para comunicarse.

Como ya hemos mencionado, algunos creen que las runas no son mágicas. Son letras como todas las demás utilizadas en diferentes idiomas. Sin embargo, igualmente se pueden utilizar en hechizos. De manera similar a cómo usamos nuestro alfabeto para escribir o crear un hechizo, al juntar las runas se pueden crear palabras y hechizos mágicos. Tal como en Harry Potter, donde usaban la palabra "Lumos" para encender la punta de una varita. Las runas se pueden usar para crear un amuleto o un hechizo y grabarlo en un amuleto para proteger a su portador, curarlo o alterar su destino.

Por ejemplo, en Suecia se descubrió la inscripción "runas curativas que corté, runas de ayuda". Este hechizo se utilizaba para tratar y curar a los enfermos, y nunca se especificaba cómo se suponía que debían curarse ni cuáles eran sus funciones. El pueblo germánico creía claramente que las runas eran lo suficientemente poderosas y que, de hecho, podían curar.

Para aprender sobre una cultura, primero debe aprender su idioma. Cuando los arqueólogos descubrieron rocas grabadas, muros, piedras rúnicas, etc., obtuvieron información sobre los vikingos y aprendieron sobre diferentes aspectos de sus vidas. Este estudio nos enseñó sobre la vida de dioses, reyes y campesinos. Las runas y sus poderes mágicos nos hicieron sentir conectados con los pueblos nórdicos, ya que pudimos identificarnos con ellos y sus luchas. Al conocer los hechizos que lanzaban, los nombres de las personas que a menudo grababan para diversos hechizos, o incluso el nombre de los creadores del objeto, ya no leemos sobre personas anónimas. Estamos aprendiendo sobre personas específicas con quienes podemos conectarnos, sentir su dolor y simpatizar con lo que estaban pasando. Las runas no son poderosas solo porque poseen magia y conocimiento. Son un idioma que toda una cultura utilizó durante 3000 años para crear una civilización con cuentos y mitología fascinantes que todavía estamos estudiando hasta el día de hoy.

Ahora que ha aprendido sobre la historia de las runas, está listo para sumergirse y aprender sobre las runas del Futhark antiguo y el significado de cada letra del alfabeto.

Capítulo 3: El Alfabeto Rúnico

Runas sobre madera
https://pixabay.com/images/id-947831/

Como ya sabe, Odín descubrió el alfabeto rúnico después de colgarse del Yggdrasil (el Árbol del Mundo) durante nueve días. Después de esto, las runas se volvieron disponibles para la humanidad, comenzando por el norte de Europa. Hay evidencia del alfabeto rúnico en fragmentos de piedra, corteza y hueso encontrados en sitios arqueológicos nórdicos, junto con otros restos de la antigua cultura nórdica. Con este capítulo, tendrá la oportunidad de aprender cómo las runas, el arcaico lenguaje nórdico de símbolos, forman un alfabeto llamado Futhark.

Si bien el alfabeto rúnico rara vez se usa como idioma en los tiempos modernos, aprender a usarlo incluso para traducir textos simples puede ayudarlo a comprender su papel en las adivinaciones, el lanzamiento de hechizos, el trabajo de red y mucho más. Para ayudarle a comenzar su viaje, este capítulo también le brindará consejos sobre cómo practicar la traducción de textos del inglés moderno al Futhark antiguo. Al principio puede parecer complicado, pero después de que aprenda a escribir usando las runas, se dará cuenta de cuánto pueden mejorar su práctica.

¿Qué Es el Alfabeto Rúnico?

El alfabeto rúnico se compone de varias runas que crean un lenguaje escrito cuando se usan juntas. Varios tipos de alfabetos rúnicos quedan de diferentes regiones y períodos a lo largo de la historia. Los que gozaron de un uso generalizado y duradero incluyen:

- El Futhark Antiguo (utilizado entre los siglos II y VIII)
- El Futhark Joven (utilizado entre los siglos VIII y IX)
- El Futhorc Anglosajón (utilizado entre los siglos V y XI)
- El Futhark Medieval (utilizado entre los siglos XII y XV)
- Runas dalecarlianas (utilizadas entre los siglos XVI y XIX)
- Runas Góticas (utilizadas desde una época desconocida hasta el siglo IV)
- Escritura Túrquica (Orkhon) (utilizada entre los siglos VIII y IX)
- Escritura Húngara Antigua (utilizada entre los siglos VIII al XI)

Se cree que el más antiguo de ellos es el Futhark antiguo, de donde proviene el nombre del alfabeto rúnico (Futhark). Aproximadamente entre el 200 y el 800 EC, el alfabeto Futhark antiguo, un conjunto de 24 runas, se utilizó para escribir en toda la región escandinava y otras partes del norte de Europa. "Futhark" es una palabra derivada de las primeras seis letras del alfabeto, que son "Fehu", "Uruz", "Thurisaz", "Ansuz", "Raidho" y "Kenaz". Las 24 letras del Futhark antiguo se dividían en tres grupos llamados ættir. Las primeras runas de cada ættir (Fehu, Hagalaz y Tiwaz) también se llaman Runas Madre porque se cree que son las primeras runas añadidas al alfabeto Futhark antiguo (y todas las demás del grupo) pueden vincularse fonéticamente a ellas. Esta es una información crucial, ya que todo el alfabeto se basa en un sistema fonético en lugar de formas escritas.

Hoy en día, el Futhark antiguo se utiliza normalmente para proporcionar antecedentes para una mejor comprensión del Futhark Joven, el alfabeto de la era vikinga, que fue el sucesor del Futhark antiguo. Hacia finales del siglo VIII, el Futhark se redujo a 16 runas y nació el Futhark Joven. La forma de los símbolos del alfabeto rúnico también ha cambiado. Las letras rúnicas se han vuelto más simples: cada runa tiene solo una marca vertical llamada "pentagrama". A los vikingos les resultó más fácil tallar las letras de su nuevo alfabeto. Podrían pasar rápidamente a asuntos más importantes después de terminar lo que necesitaban escribir. Las runas del alfabeto Futhark Joven están talladas con trazos verticales completos o largos, mientras que el Futhark antiguo a menudo requiere tres o más trazos por runa.

La Lista Completa de Runas del Futhark Antiguo

A diferencia de las letras de los alfabetos modernos, las letras del alfabeto rúnico tienen significados ligados a fuerzas naturales. Y así como la naturaleza atraviesa interminables ciclos de cambio, estas fuerzas universales también cambian y evolucionan con el tiempo. Y aunque el lenguaje rúnico no tiene un uso generalizado hoy en día, el significado de sus letras es tan relevante hoy como lo fue hace miles de años. Esto es lo que significa cada runa en el alfabeto Futhark antiguo en español moderno, junto con su equivalente fonético y su pronunciación moderna.

Fehu

- **Símbolo:** ᚠ
- **Valor Fonético:** F
- **Pronunciación en Español:** "FÉ-hu"
- **Traducción:** Ganado, prosperidad, propiedad, esperanza, felicidad, abundancia, riqueza y ganancia financiera.

Uruz

- **Símbolo:** ᚾ
- **Valor Fonético:** U
- **Pronunciación en Español:** "Ú-ruz"
- **Traducción:** Buey salvaje, cambio inesperado, fuerza vital, indomabilidad, fortaleza, poder y buena salud física y mental.

Thurisaz

- **Símbolo:** ᚦ
- **Valor Fonético:** Th
- **Pronunciación en Español:** "THÚR-i-saz"
- **Traducción:** Gigante, dios del trueno, el relámpago, la espina, la precaución, la fuerza defensiva y la perturbación.

Ansuz

- **Símbolo:** ᚨ
- **Valor Fonético:** A
- **Pronunciación en Español:** "ÁN-suz"
- **Traducción:** Sabiduría, boca, escucha, respiración, profecías, comunicación y Odín y los dioses ancestrales.

Raidho

- **Símbolo:** ᚱ
- **Valor Fonético:** R
- **Pronunciación en Español:** "Ra-ÍD-ho"
- **Traducción:** Viaje, descanso, ritmo, viaje, panorama general, cambio e impulso.

Kenaz

- **Símbolo:** ᚲ
- **Valor Fonético:** C / K
- **Pronunciación en Español:** "KÉN-az"

- **Traducción:** Energía controlada, antorcha, fuego, pasión, luz, creación, faro y transformación.

Gebo

- **Símbolo:** X

- **Valor Fonético:** G

- **Pronunciación en Español:** "GÉB-o"

- **Traducción:** Gratitud, don, generosidad, intercambio, unidad, acogida, abnegación, perdón y ofrenda.

Wunjo

- **Símbolo:** P

- **Valor Fonético:** W

- **Pronunciación en Español:** "WÚN-yo"

- **Traducción:** Satisfacción, euforia, plenitud, bienestar, felicidad, autoalineación, armonía y alegría.

Haglaz

- **Símbolo:** H

- **Valor Fonético:** H

- **Pronunciación en Español:** "HÁ-ga-laz"

- **Traducción:** Granizo, destrucción, dificultades repentinas, cambio violento de naturaleza y tardanza.

Naudiz

- **Símbolo:** ✝

- **Valor Fonético:** N

- **Pronunciación en Español:** "NÁUD-iz"

- **Traducción:** Necesidad, angustia, deseo de triunfo, estancamiento y manifestación de cambio.

Isa

- **Símbolo:** I

- **Valor Fonético:** I

- **Pronunciación en Español:** "Í-sa"
- **Traducción:** Quietud, frío, hielo, invierno, aplazamiento, retraso y pausa forzada ante un nuevo comienzo.

Jera

- **Símbolo:** ᚼ
- **Valor Fonético:** J / Y
- **Pronunciación en Español:** "YÉR-a"
- **Traducción:** Ciclo de la naturaleza, la cosecha, la recompensa al esfuerzo, el movimiento en el tiempo y la cosecha de lo sembrado.

Eihwaz

- **Símbolo:** ᛇ
- **Valor Fonético:** E / I
- **Pronunciación en Español:** "ÉI-waz"
- **Traducción:** Longevidad, sabiduría, muerte, renovación, tejo, vida, sacrificio y atravesar una puerta.

Perthro

- **Símbolo:** ᛈ
- **Valor Fonético:** P
- **Pronunciación en Español:** "PÉR-thro"
- **Traducción:** Misterio, deseos ocultos, destino, adivinación, lanzamiento, secreto y búsqueda del autoconocimiento.

Algiz

- **Símbolo:** ᛉ
- **Valor Fonético:** Z
- **Pronunciación en Español:** "ÁL-giz"
- **Traducción:** Instinto, santuario, alce, suerte, conexión con el yo superior, buen augurio y protección.

Sowilo

- **Símbolo:** ᛋ
- **Valor Fonético:** S
- **Pronunciación en Español:** "So-WÍ-lo"
- **Traducción:** Salud, vitalidad, buena energía, iluminación, poder espiritual, éxito, crecimiento personal y sol.

Tiwaz

- **Símbolo:** ↑
- **Valor Fonético:** T
- **Pronunciación en Español:** "TÍ-waz"
- **Traducción:** El Dios Tyr, victoria, valentía, coraje, necesidad de justicia, honor y sacrificio por el bien mayor.

Berkano

- **Símbolo:** ᛒ
- **Valor Fonético:** B
- **Pronunciación en Español:** "BÉR-ka-no"
- **Traducción:** Renacimiento, nuevos comienzos, relación, proyecto, ciclo de vida y abedul.

Ehwaz

- **Símbolo:** ᛗ
- **Valor Fonético:** E
- **Pronunciación en Español:** "É-waz"
- **Traducción:** Lealtad, cooperación, movimiento, progreso, caballo y asociación.

Mannaz

- **Símbolo:** ᛗ
- **Valor Fonético:** M
- **Pronunciación en Español:** "MÁN-naz"

- **Traducción:** Equilibrio, inteligencia, razón, potencial divino, tradición, desarrollo del talento y humanidad.

Laguz

- **Símbolo:** ↑

- **Valor Fonético:** L

- **Pronunciación en Español:** "LÁ-gud"

- **Traducción:** Agua, intuición, flujo, limpieza, viaje interior, profundidad de la personalidad.

Ingwaz

- **Símbolo:** ◇

- **Valor Fonético:** Ng

- **Pronunciación en Español:** "ÍNG-waz"

- **Traducción:** Crecimiento interior, sexualidad masculina, energía potencial, líneas familiares, sincronización perfecta, ascendencia y fertilidad.

Dagaz

- **Símbolo:** ᛞ

- **Valor Fonético:** D

- **Pronunciación en Español:** "DÁ-gaz"

- **Traducción:** La luz de los dioses, cambio repentino, despertar, día, iluminación, inspiración y autotransformación.

Othala

- **Símbolo:** ᛟ

- **Valor Fonético:** O

- **Pronunciación en Español:** "Ó-tha-la"

- **Traducción:** Espiritualidad, propiedad ancestral, sabiduría, pertenencia, regreso a casa, comunidad y talento inherente.

¿Cómo Se Compara el Alfabeto Rúnico Con los Idiomas Modernos?

Un alfabeto fonéticamente perfecto tiene un símbolo separado (letra o runa) para cada sonido utilizado en el idioma. Por lo que muestra la evidencia histórica, el alfabeto rúnico Futhark antiguo era así. Sabemos esto porque el alfabeto proto-nórdico se desarrolló después de las runas del Futhark antiguo, y el primero tenía el número exacto de sonidos que el último. Sin embargo, las letras romanas utilizadas en el idioma español o inglés moderno ni siquiera se acercan a este alfabeto fonético ideal. Hay muchos sonidos que no tienen letra propia y se pueden transcribir únicamente a través de letras o combinaciones de letras utilizadas para otros sonidos. Un gran ejemplo de este problema sería usar sh para (ʃ) o ch para (tʃ).

La siguiente tabla ilustra cómo se compara el alfabeto rúnico con los alfabetos modernos del español/inglés, noruego, sueco y danés.

Futhark	Español/ Inglés	Noruego	Sueco	Danés
ᚠ	A	A	A	A
ᛒ	B	B	B	B
ᛗ	D	D	D	D
ᛖ	E	E	E	E
ᚹ	F	F	F	F
ᚷ	G	G	G	G
ᚺ	H	H	H	H
ᛁ	I	I	I	I

Futhark	Español/ Inglés	Noruego	Sueco	Danés
ᛋ	J/Y	J	J	J
ᚲ	C/K	K	K	K
ᛚ	L	L	L	L
ᛗ	M	M	M	M
ᚾ	N	N	N	N
ᛟ	O	O	O	O
ᛒ	P	P	P	P
	Q	Q	Q	Q
ᚱ	R	R	R	R
ᛋ	S	S	S	S
ᛏ	T	T	T	T
ᚢ	U	U	U	U
ᚹ	V/W	V	V	V
		W	W	W
		X	X	X
		Y	Y	Y

Futhark	Español/ Inglés	Noruego	Sueco	Danés
Y	Z	Z	Z	Z
Þ	Th			
ʃ	E/I			
◊	Ng			
		Æ		Æ
		Ø		Ø
		Å	Å	Å
			Ä	
			Ö	

El alfabeto rúnico también se compara a menudo con la lengua proto-nórdica, la predecesora de las lenguas nórdicas modernas. Algunos incluso utilizan el proto-nórdico como intermediario para traducir el lenguaje rúnico. Sin embargo, el sistema fonológico (sistema de sonidos) de la lengua proto-nórdica era diferente al del inglés moderno. Por ejemplo, el inglés tiene los sonidos (dʒ), (tʃ), (ʒ) y (ʃ), que no existen en el idioma proto-nórdico. El sistema fonético proto-nórdico no puede equipararse con el alfabeto Futhark antiguo a pesar de que se origina a partir de él.

La escritura anglosajona (la predecesora del idioma inglés moderno) añadió letras al alfabeto rúnico para representar sonidos del inglés antiguo que no aparecían en el Futhark antiguo ni en el joven. Al principio, el Futhark anglosajón tenía 28 letras, frente a las 24 del antiguo, y aproximadamente en el año 900 EC ya tenía 33. Hasta el día de hoy, las lenguas escandinavas son incluso más ricas en sonidos que el inglés. Sin embargo, en lugar de agregar letras al Futhark para representar los nuevos sonidos, el alfabeto rúnico anglosajón comenzó a usar la misma letra para representar más de un sonido. Por ejemplo, empezaron a utilizar una letra para las versiones fonéticas de k y g.

En la práctica, la reducción del Futhark a 16 letras significa que, si no se tiene el contexto del texto, es imposible saber a qué sonido se refiere una determinada runa. Por otro lado, a medida que las runas se volvieron obsoletas, se permitió que los lenguajes se desarrollaran de modo que las runas simplemente se reutilizaban para un sonido diferente.

Escribiendo Palabras Modernas en Runas

Entonces, como ha visto a lo largo de este capítulo, escribir palabras modernas usando el alfabeto rúnico puede ser bastante desafiante. No existe una salida rúnica diseñada para los idiomas contemporáneos, especialmente el inglés moderno. El Futhark antiguo tiene menos runas que el alfabeto romano de 26 letras que se utiliza para escribir el inglés moderno. También tiene muchos menos símbolos equivalentes a los sonidos que usamos hoy.

Si intenta usar las runas del Futhark antiguo fonéticamente, eso sería sustituir las runas por los sonidos que escucha en una palabra. Si bien se suponía que el alfabeto rúnico debía usarse de esta manera, no funcionará con el inglés moderno porque, como se mencionó anteriormente, no hay suficientes runas para todos los sonidos en inglés. Por ejemplo, si quisiera deletrear la palabra "horse" (caballo), su runa equivalente tal como la escuchamos sería ᚺᛟᚱᛋ, que deletrea "*hors*". Por otro lado, si lo escribe como ᚺᛟᚱᛋᛖ, esto cambiará su ortografía en el idioma en ejecución. Un ejemplo aún más complicado es la palabra "knight" (caballero). Según las letras utilizadas en inglés, necesitaría transcribir esta palabra como ᚲᚺᛁᚷᚺᛏ, que, para cualquiera que la lea, no se parecerá en nada a la palabra original. La representación fonética más cercana de esta palabra sería ᚾᚨᛁᛏ, que es muy diferente de la forma en que se escribe la palabra en inglés.

Entonces, la solución más conveniente para transcribir hacia o desde el alfabeto rúnico es mantener la ortografía inglesa moderna. Esto sería mucho más fácil que descubrir cómo combinar runas para las letras s y h para (ʃ) cuando aparecen en palabras como "shame" (vergüenza) o c y h para (tʃ) en "child" (niño). Y definitivamente sería una opción preferible pensar en qué runa usar cuando hay 3 variantes del mismo sonido, como es el caso de (dʒ) en "joy" (alegría), "edge" (borde) y "gin" (Ginebra).

Otra cosa curiosa del lenguaje rúnico es que nunca se repetían las mismas runas una tras otra, aunque así aparecieran en una palabra. Esto se debe a que no había demasiadas palabras así en los antiguos idiomas nórdicos. De hecho, la mayoría de ellas aparecieron junto con la versión inglesa y bajo la influencia de las lenguas latinas. En inglés moderno, por ejemplo, las letras c y k suelen aparecer una tras otra. Dado que la runa para ambas letras es la misma, si quisiera traducir una palabra que contenga ambas, solo usaría una runa en lugar de dos. Esto acorta la palabra, pero puede requerir algo de práctica hasta que aprenda a hacerlo correctamente porque a menudo genera confusión cuando la vuelve a leer.

También está la cuestión de la dirección de escritura. La evidencia preliminar muestra que no había una dirección establecida para la escritura rúnica. Los talladores de runas escribían de izquierda a derecha o de derecha a izquierda, y algunas inscripciones combinaban los dos métodos. Otros incluso utilizaron runas individuales escritas como un reflejo de la dirección principal del manuscrito. A partir de la evidencia arqueológica del siglo XI en adelante, la dirección del lenguaje rúnico parece haberse fijado en la ahora familiar izquierda a derecha. Esto probablemente fue el resultado de la influencia de las lenguas latinas y es la dirección que se utiliza hoy en día para traducir las lenguas modernas a las runas del Futhark antiguo.

Las runas anglosajonas no son adecuadas para escribir en inglés moderno porque no hay letras para algunos sonidos que no existían en el inglés antiguo. Pero puede "hacer trampa" y usar el alfabeto rúnico escandinavo de finales de la Edad Media, que tiene una runa para cada letra del alfabeto latino básico. Puede simplemente sustituir una runa por cada letra de una palabra en inglés sin preocuparse por la pronunciación real de la palabra.

O podría usar runas para escribir inglés moderno, basado en parte en la ortografía moderna en escritura latina, pero también hasta cierto punto en la pronunciación. Por ejemplo, puede usar la runa ng para el sonido "ng" en "sing" (cantar) en lugar de separar las letras y usar las runas para "n" y "g". Normalmente, alguien que quiera escribir inglés moderno usando uno de los Futharks reemplazará las letras inglesas de una palabra con la runa (o combinación de runas) que produce el mismo sonido. Puede ser un poco complicado dependiendo de qué Futhark se use, ya que no existe una correspondencia 1:1 de sonidos con los caracteres, pero generalmente es posible encontrar una manera de hacerlo.

Practicando el Alfabeto Rúnico

Se recomienda tener impreso o escrito todo el alfabeto rúnico y sus equivalentes en inglés en una hoja de papel. Mantenga esta hoja delante de usted siempre que practique, así evitará perder tiempo volviendo atrás y buscando una runa cada vez que olvide a qué letra corresponde. Ya sea que lo imprima o lo escriba a mano, use letras mayúsculas para el inglés, ya que su forma se acerca más al Futhark antiguo que a la cursiva, lo que las hace más fáciles de recordar.

Para evitar confusiones, debería empezar a practicar traduciendo algunas palabras sencillas en inglés. Luego puede probar con oraciones simples. Al dominarlas, podrás avanzar poco a poco hacia textos más complicados. Incluso puede comenzar escribiendo su nombre, comenzando con su nombre y siguiendo con su apellido (y segundo nombre, si lo tiene). Dicho esto, incluso algunos de los nombres simples pueden generar un poco de confusión al leerlos. Si recuerda la regla de evitar la repetición, comprenderá por qué esto puede causar un problema. Por ejemplo, si su nombre es "Jack", lo escribirá como ᛋᚠᚲ y no como ᛋᚠᚲᚲ. Recuerde, cuando usa el alfabeto rúnico, no está escribiendo las palabras, está transcribiendo su pronunciación.

Si su nombre tiene varias repeticiones, es posible que desee comenzar con otra palabra. De cualquier manera, escribir palabras fonéticamente tendrá mucho más sentido para usted, al menos al principio. Aquí tiene algunas frases sencillas con las que puede practicar:

I want to drink water. (Quiero beber agua) - ᛁ·ᛈᚠᚾᛏ·ᛏᚮ·ᛗᚱᛁᚾᚲ·ᛈᚠᛏᛗᚱ

The bird sings, and I listen to it. (El pájaro canta y yo lo escucho) - ᛏᚺᛗ·ᛒᛁᚱᛗ·ᛋᛁᚾᚷᛋ·ᚠᚾᛗ·ᛁ·ᛚᛁᛋᛏᛗᚾ·ᛏᚮ·ᛁᛏ

The air is cold, and the water is frozen. (El aire está frío y el agua está congelada) - ᛏᚺᛗ·ᚠᛁᚱ·ᛁᛋ·ᚲᚮᛚᛗ·ᚠᚾᛗ·ᛏᚺᛗ·ᛈᚠᛏᛗᚱ·ᛁᛋ·ᚠᚱᚮᛉᛗᚾ

Utilice la tabla anterior para encontrar la runa equivalente a las letras, escríbalas y luego verifique si las entendió bien.

Si bien colocar puntos entre las palabras es una práctica debatida, a los principiantes a menudo les resulta más fácil usar los puntos para separar los símbolos. De esta manera, puede asegurarse de dejar suficiente espacio entre las palabras y podrá leerlas más tarde sin confundirse sobre qué runa pertenece a qué palabra. Hablando de lectura, esta práctica siempre debe acompañar su escritura. Cada vez que practique escribir una palabra u oración, también debe practicar leerla. Pase a una palabra diferente solo después de que se sienta seguro al escribir y leer la actual.

Habiendo practicado el uso simple del alfabeto rúnico, puede pasar al uso de runas vinculantes. Las runas de vinculación son dos runas escritas una encima de la otra para formar una nueva. Durante la época en que todavía se usaba el Futhark antiguo, estas runas se usaban para transcribir nombres, de manera muy similar a las iniciales que usamos hoy. Sin embargo, también puede usarlas para potenciar su práctica mágica con una runa que haya diseñado para ese propósito específico. Ya sea que opte por ceñirse a las runas existentes o crear las suyas propias, practicarlas es esencial para aprovechar su energía. Cuanto más se familiarice con cada símbolo escribiéndolo, más fácil le resultará conectarte con su energía.

Capítulo 4: Los Tres Aettir Rúnicos

Después de leer el capítulo anterior, habrá notado que las runas del Futhark antiguo no siguen el mismo orden que las letras del alfabeto romano. Esto se debe a que cada *aett* se construye sobre una base proporcionada por las Runas Madre. Estas fueron las primeras runas de aett, que Odín le dio a la humanidad. Cada runa que les sigue sigue patrones lógicos dictados por la primera. Este capítulo analiza los tres Aettir y sus respectivas runas. Proporcionará información sobre el significado de cada aett y runas, ya que todos ellos forman parte de los ciclos de vida, desde el nacimiento hasta la muerte y el renacimiento. También encontrará un ejercicio de meditación donde podrá conectar con la energía de cada aett enfocándose en las deidades que los gobiernan.

Aett de Freyr

Freyr es el dios nórdico de la fertilidad que gobernó al primer aett. Junto con su diosa Freya, esta deidad representa una unidad en la que prosperan la naturaleza, los parentescos, los matrimonios y todas las demás relaciones. Las runas en este aett hablan de lo que necesita lograr para cumplir su destino. Representan experiencias e interacciones con su yo interior, los demás y lo divino. Traen orden al caos tal como se instauró el orden cuando se creó el universo. El aett de Freyr contiene los símbolos rúnicos más antiguos descubiertos hasta ahora, que indican el comienzo de la vida y el nacimiento de una nueva cultura. Desde simbolizar la supervivencia de este nacimiento hasta la realización de la felicidad, estas runas lo empoderan en todos los aspectos de la vida.

Fehu

Fehu es un recordatorio del presente
https://pixabay.com/images/id-6508602/

Palabras clave: Prosperidad, preocupaciones físicas y financieras, dinero, metas, karma, promoción, autoestima.

Significado: Fehu es un recordatorio de nuestro presente y el catalizador que despierta el deseo de encontrar lo que hay más allá. Lo conecta a su ubicación física durante viajes espirituales y actos mágicos. También representa encontrar lo que realmente necesita en lugar de lo que cree que desea. Lo más importante es que Fehu muestra que para cambiar su situación financiera actual, primero debe ver qué cambios son posibles para usted en el futuro.

Uruz

Palabras clave: Energía, instinto, vitalidad, sexualidad, salvajismo, irracionalidad, fertilidad, un rito de iniciación.

Significado: Uruz representa el reconocimiento de las fuerzas divinas en la naturaleza. A menudo asociada con el dios de la caza sagrada, la energía de esta runa contiene un poder elemental que proviene del fuego. Uruz señala el cambio de la niñez a la edad adulta y se utiliza a menudo en rituales que celebran esta ocasión. A medida que el alma dentro de un cuerpo madura, se le da una idea de los poderes de la naturaleza.

Thurisaz

Palabras clave: Dificultad, disciplina, dolor, reconocimiento de las emociones internas, conciencia del mundo exterior.

Significado: Thurisaz representa un obstáculo y presagia dolor y sufrimiento. Sin embargo, este sufrimiento es necesario para crecer y convertirse en una versión más fuerte de uno mismo. Lo que puede parecer un duro golpe para su ego puede ser una lección que lo impulse a realizar cambios. Thurisaz le dice que debes permitir que su destino se desarrolle como debe y experimentar lo que la vida tiene para ofrecerle, bueno o malo.

Ansuz

Palabras clave: Liderazgo, chamán, clarividencia, equilibrio de mente, cuerpo y alma, justicia.

Significado: Ansuz, que representa el equilibrio supremo, señala un momento en la vida en el que la mayoría de las personas eligen quedarse. Cuando sus energías están alineadas, tiene una sensación de plenitud y se siente tentado a permanecer en el presente. Sin embargo, Ansuz también señala que aún puede realizar cambios positivos, fortaleciendo aún más su conexión espiritual y emocional consigo mismo y convirtiéndose en quien debe ser.

Raido

Palabras clave: Cambio, destino, viaje, destino, progreso, progreso, lecciones de vida, búsqueda.

Significado: Raido simboliza los hilos entrelazados del destino, representando una red de relaciones. Cada cuerda es un vínculo, y cada vez que una se cruza con otra, se obtienen nuevas conexiones a partir de la anterior. Esto también significa que puede realizar cambios en una relación sin afectar a las demás. Raido demuestra que debe estar al tanto de todas sus conexiones. Podrá realizar cambios y lograr el progreso deseado, pero sus relaciones se verán afectadas.

Kenaz

Palabras clave: Creatividad, perspicacia, solución, inspiración, sabiduría interior, iluminación.

Significado: Kenaz es una runa que brinda la solución obvia al brindarle mensajes sutiles sobre las respuestas que estás buscando. Si bien es posible que no se le revele la respuesta completa de inmediato, esto debería motivarlo a buscar usted mismo las partes que faltan. Kenaz es la antorcha que ilumina el camino que deberá seguir en su viaje y la que elimina la oscuridad que lo rodea.

Gebo

Palabras clave: Regalo, generosidad, buena fortuna repentina, relación, sociedad, amor, matrimonio.

Significado: A menudo conocida como la runa de la conexión, Gebo es la primera runa que lo anima a romper con el camino solitario. Le muestra que prestar atención a aquellos cuyos destinos se cruzan con el suyo puede brindarle una iluminación aún mayor. Fomentar los vínculos con sus seres queridos es uno de los mayores regalos que puede dar y recibir. Fortalece sus relaciones y lo empodera como persona.

Wunjo

Palabras clave: Recompensa, reconocimiento, éxito, logro, satisfacción, plenitud, alegría.

Significado: Como última runa del primer aett, Wunjo representa el final de un ciclo natural y el comienzo de otro. A pesar de la posibilidad de un nuevo comienzo, es posible que se sienta triste porque lo viejo ha terminado, lo que puede dejarlo estancado en su posición actual. Sin embargo, debe darse cuenta de que su vida aún guarda muchas lecciones y debe continuar su viaje. Porque la satisfacción que siente ahora es temporal y, cuando pase, seguirá sintiendo la necesidad de seguir adelante.

Aett de Heimdall

Heimdall es el dios nórdico del silencio y la sabiduría, conocido por enseñar a la humanidad las reglas del universo. También se dice que es un gran guerrero, que a menudo está atento a los trucos maliciosos de Loki y está listo para contrarrestarlos. Las runas del aett de Heimdall le advierten sobre las fuerzas disruptivas que provocan cambios importantes en su vida. Estos pueden cambiar las condiciones estables establecidas por el primer aett, pero aún puede aprovecharlas al máximo. Este aett le ayuda a navegar los aspectos desafiantes de su vida y le recuerda que nada es permanente. Las grandes pruebas que presagia este acto forjarán su carácter, permitiéndole entrar en contacto con su verdadero propósito en la vida. Con su ayuda, aprenderá sobre la importancia de la pérdida y de aceptar la última fase de un ciclo, por muy dolorosa que sea.

Hagalaz

Palabras clave: Cambio drástico, pérdida repentina, desastre, prueba, lección kármica, destrucción, limpieza, prueba.

Significado: Se sabe que Hagalaz es una dura llamada de atención que le muestra que realmente necesita cambiar. De lo contrario, nunca alcanzará la felicidad.

Es un cambio bastante abrupto después de la complacencia de la runa anterior, especialmente si la da por sentada. Si bien a menudo se considera un signo negativo, no necesariamente tiene que serlo. Si elige aceptar la experiencia en lugar de negarse a aprender la lección, puede marcar la diferencia.

Naudhiz

Palabras clave: Penuria, pobreza, responsabilidad, obstáculo, descontento, frustración.

Significado: Quizás para compensar la dura bofetada de Hagalaz, Naudhiz continúa reforzando la necesidad de cambio, pero de forma más sutil. Después de comunicarse con la runa, a menudo surge una sensación de malestar al darse cuenta de que algo no es como debería ser. Naudhiz te muestra que si algo no sale según lo planeado, significa que debe hacer las cosas de manera diferente. Ahora se enfrenta al dilema de cómo restablecer el equilibrio entre lo que desea y lo que realmente necesita.

Isa

Palabras clave: Estancamiento, inactividad, paciencia, bloqueo, potencial, aislamiento, reflexión.

Significado: Así como la calma antes de la tormenta, Isa representa un período de descanso antes de un cambio abrupto. Le anima a tomarse un tiempo para reflexionar sobre lo que quiere lograr y qué tipo de cambios necesita. Le muestra que, aunque siempre habrá obstáculos, adoptar el enfoque correcto es la clave para superarlos. Isa también le permite reunir fuerzas para poder afrontar el cambio cuando suceda.

Jera

Palabras clave: Productividad, movimiento, cambio, ciclo, desarrollo, recompensa.

Significado: Tras el periodo de helada inactividad concedido por Isa llega Jera con la promesa de un nuevo comienzo. Esta runa indica el momento de cambio, crecimiento y desarrollo. Podrá dejar atrás su insatisfacción y disfrutar del nuevo flujo de energía positiva. Puede que su vida no haya resultado como la planeó hasta ahora, pero eso no significa que nunca lo será. Jera le pide que implemente sus nuevos planes y alcance sus sueños.

Eihwaz

Palabras clave: Iniciación, muerte, cambio, transformación.

Significado: Eihwaz marca el punto de inflexión en el viaje de su vida al lanzarlo a la fase de transformación del cambio que tanto necesita. Como símbolo de la muerte, Eihwaz a menudo se ve como una herramienta para el paso a la madurez y la sabiduría. Experimentar estos cambios puede ser una experiencia aterradora para usted, pero darse por vencido no es una opción. Después de todo, todo el mundo debe pasar por un poco de sufrimiento antes de poder cosechar sus recompensas espirituales.

Pertho

Palabras clave: Renacimiento, un nuevo comienzo, fertilidad, misterio, adivinación, sexualidad.

Significado: Después de aceptar el fin de un ciclo y el cambio abrupto que trae consigo el nuevo, Pertho está ahí para guiarlo en el proceso de renacimiento. Según los mitos nórdicos, Pertho es la runa que le permite continuar su camino predestinado a través de los ciclos perpetuos de la vida y todos los altibajos. Usar esto le ayudará a comprender mejor este viaje y a aceptar todos los cambios, ya sean positivos o negativos.

Algiz

Palabras clave: Protección, apoyo, asistencia, advertencia, defensa.

Significado: Después de pasar por un renacimiento, debe afrontar cómo los cambios afectan al mundo que le rodea. Algiz le pide que utilice sabiamente su nueva sabiduría para contemplar cómo sus acciones se reflejan en sus relaciones. Es hora de dejar de centrarse en su propio desarrollo espiritual y ver cómo puede lograr lo mismo. Este es otro punto crucial en la vida en el que debe detenerse y considerar su próximo camino.

Sowilu

Palabras clave: Éxito, poder, energía positiva, salud, fertilidad, acción.

Significado: Como última runa del segundo aett, Sowilu marca la finalización de su viaje espiritual individual. Ahora que ha tenido tiempo de descansar, estará listo para lanzarse a la acción nuevamente. La runa le anima a utilizar la energía que ha acumulado mientras descansa y a seguir adelante incluso si aún no siente la necesidad de hacerlo. Después de comunicarse con esta runa, seguramente sentirá la naturaleza transitoria de su poder actual.

Aett de Tyr

Tyr es el dios nórdico de la guerra, también conocido por su sentido de la justicia y su capacidad para poner orden. Es un campeón atrevido que sacrificó su brazo a Fenrir para que las otras deidades pudieran atrapar al lobo gigante que los amenaza a todos. Las runas en el aett de Tyr representan una conexión espiritual superior, una forma de alcanzar las fuerzas divinas y buscar su guía. Le permiten cruzar esa línea invisible entre los reinos y acercarse a los espíritus divinos. Al mismo tiempo, las runas mantienen las conexiones dentro de las comunidades humanas, evitando que pierda el sentido de humanidad. En cierto modo, estas reglas representan la culminación de todos los conocimientos adquiridos en los dos aettir anteriores. Le permiten cambiar el enfoque de su posición individual y prestar atención a las múltiples dimensiones de sus relaciones, satisfaciendo las leyes de la naturaleza.

Teiwaz

Palabras clave: Responsabilidad, deber, disciplina, abnegación, fuerza, conflicto.

Significado: La primera runa de este aett marca una pérdida necesaria provocada por responsabilidades éticas. Así como Tyr entregó su mano en un gesto noble, Teiwaz indica los sacrificios que deberá hacer por un bien mayor. Puede usar esta runa para aprovechar el poder de su deidad regente y cumplir con sus deberes y responsabilidades hacia aquellos con quienes se encuentre en el viaje de su vida.

Berkana

Berkana representa una persona que aporta energía positiva
https://pixabay.com/images/id-2644529/

Palabras clave: Nuevos comienzos, abundancia, fertilidad, crecimiento, salud.

Significado: Berkana representa el camino de una persona que aporta energía positiva a la vida de quienes le rodean. A menudo asociado con el abedul, este símbolo es el equivalente rúnico de la abundancia espiritual. Le ayuda a sanar viejas heridas y restablecer conexiones frágiles con sus seres queridos. Berkana también simboliza la fertilidad en todos los aspectos de la vida, ya que le llena de energía que puede utilizar para desarrollar muchas ideas creativas.

Ehwaz

Palabras clave: Asistencia, transporte, energía, movimiento, decisiones apresuradas, comunicación.

Significado: Al recordarle que necesita tomar el control, Ehwaz es una runa que promueve el equilibrio entre todos los aspectos de su vida. Después de obtener todo ese poder, no puede simplemente permitir que vague sin rumbo, porque si lo hace, puede terminar lastimando a quienes lo rodean. Para evitar perder el afecto de alguien, debe escuchar la advertencia de Ehwaz y encontrar el equilibrio y el control que necesita para navegar en sus conexiones sociales.

Mannaz

Palabras clave: Familia, relaciones, comunidad, sentido de pertenencia.

Significado: Mannaz es la runa que realmente mejora sus relaciones con su familia y amigos. Le impulsa a formar nuevas relaciones mientras nutre las antiguas, satisfaciendo su necesidad de interacción social. Sin embargo, debe considerar cómo su enfoque de una relación afecta sus otras conexiones. Mannaz le permitirá ver todas las vidas que toca en su viaje, enseñándole a ser más agradecido por todos los vínculos que ha formado.

Laguz

Palabras clave: Miedos, emociones negativas, secretos, intuición, asesoramiento de revelación.

Significado: Laguz es una runa que te hará enfrentar tus miedos más profundos respecto a sus relaciones. Le anima a detenerse y observar las posibles razones por las que no puede lograr un mayor desarrollo espiritual. Estas razones suelen estar en nuestras conexiones con quienes nos rodean, por lo que al pedirle que ayude a los demás, esta runa puede desbloquear el camino hacia una vocación superior. Esto le permitirá desarrollar empatía y compartir sus emociones.

Ingwaz

Palabras clave: Productividad, trabajo, conexión a tierra, equilibrio, abundancia, naturaleza.

Significado: Para quienes anhelan recuperar la conexión con la naturaleza, Ingwaz puede ser una herramienta valiosa. Esta runa le recuerda nuestra conexión con la tierra, algo que se perdió durante las revoluciones industriales. Puede ayudarle a encontrar el equilibrio entre la espiritualidad y tener una vida productiva sin correr el riesgo de perderse en ninguno de estos mundos.

Dagaz

Palabras clave: Felicidad, satisfacción, éxito, actividad positiva.

Significado: Habiendo encontrado el equilibrio entre la vida natural y las interacciones sociales, Dagaz le ayudará a reforzar esta conexión. Actúa como una brújula y, siguiendo sus puntos, podrá encontrar el equilibrio perfecto en su vida. Le recuerda que la armonía es posible, lo que lo llenará de una significativa sensación de satisfacción y felicidad.

Othila

Palabras clave: Hogar, tierra, propiedad, permanencia, pertenencia, legado.

Significado: Othila le recuerda que la riqueza espiritual a la que ahora tiene acceso superará el valor de las riquezas materiales que Fehu le prometió. Mientras que la propiedad física era transitoria y se le recordó su posible pérdida en el segundo aett, su legado espiritual será permanente. Esta runa marca el final de su viaje, donde sabe quién está destinado a ser. Todas las lecciones que aprendió durante sus viajes ahora están listas para integrarse en su vida.

Meditando con las Runas de Cada Aett

Como cualquier otra forma de ejercicio de mindfulness, la meditación rúnica requiere preparación física y mental. La preparación física significa encontrar un ambiente tranquilo donde pueda concentrar su mente y no lo molesten durante un par de minutos. Dependiendo de su práctica y preferencia, también puede implicar limpiar su espacio y su cuerpo de influencias negativas.

Cuando se trata de preparación mental, este suele ser el primer paso de la meditación real, que se realiza de la siguiente manera:

- Póngase en una posición cómoda. Puede sentarse, pararse o acostarse, siempre que su espalda esté recta y pueda relajar el cuerpo.
- Respire profundamente unas cuantas veces para calmar su cuerpo y detener su mente acelerada.
- Cuando sienta que puede concentrarse en su intención, diga una oración rápida a la deidad con la que desea conectarse.
- Si también está haciendo una ofrenda, puede presentarla inmediatamente después de la oración.
- Ahora visualice la runa con la que quiere conectarse. Si se dirige a más de una, hágalo lentamente y tómese su tiempo para concentrarse en la imagen de una antes de pasar a la siguiente.
- Habiendo formado la imagen de una runa, exhale profundamente y recite el nombre de la runa, seguido de la frase que representa su intención.
- Inhale de nuevo, visualice la siguiente runa y cántela dibujándola en su mente y recitando la intención o frase con la

que quiere asociarla.

- Si tiene problemas para concentrarse en la imagen de la runa mientras canta su intención, siéntase libre de dejar de recitar y volver a formar la imagen una vez más.
- Continúe hasta que haya terminado con todas las runas con las que desea conectarse.
- Regrese al presente exhalando lentamente y deje que su mente se llene de pensamientos de la vida cotidiana.

Asegúrese de que los pensamientos que dirige a las runas y a las deidades que gobiernan el aett al que pertenecen sean sinceros, positivos y decididos. Puede expresar su gratitud, buscar orientación o echar un vistazo al futuro, pero solo si sus intenciones son profundas. Puede meditar con más de una runa durante una sesión, pero manténgase en la misma familia. Si busca orientación de más de una deidad, puede hacerlo dedicándoles una sesión rápida en días separados. Por ejemplo, puede dirigirse a Frey el viernes, a Tyr el martes, a Heimdall el miércoles, etc.

Dado que los pensamientos asociados con las runas deberían ser importantes para usted, es una buena idea que los formule usted mismo. Dependiendo de dónde se encuentre actualmente en el viaje de su vida y el tipo de orientación que necesite, estos pensamientos pueden abordar problemas inmediatos o incluso objetivos a largo plazo. A continuación, se muestran algunos ejemplos de lo que puede decir cuando se concentra en una sesión:

- **Fehu:** Sé que la riqueza es poder y protegeré mi riqueza.
- **Thurisaz:** Si desarrollo mi propia fuerza, sé que mi poder nunca me fallará.
- **Hagalaz:** El granizo de Heimdall es puro y lavará todo lo malo, revelando lo bueno.
- **Jera:** Mis logros serán proporcionales a mis esfuerzos. Cuanto más trabajo haga, más recompensas obtendré.
- **Tiwaz:** Para ser feliz y exitoso, debo cumplir con el orden y la disciplina.
- **Ingwaz:** La clave del éxito es planificar y retener mi poder para poder liberarlo en el mejor momento posible.

Capítulo 5: La Magia de las Runas y los Pentagramas

Históricamente, las runas se utilizaban tanto para escribir como para hacer magia. Parece haber un poder específico asociado con cada runa. Cuando se combinaban en pentagramas mágicos o se usaban junto con hechizos, las runas se usaban como herramientas para propósitos mágicos específicos, incluida la transformación espiritual y el crecimiento personal.

Pero, ¿qué tienen las runas del Futhark antiguo que les hacen tener este tipo de poder místico?

A continuación, exploraremos la historia de las runas y por qué están asociadas con la magia. Luego aprenderás sobre las propiedades mágicas de cada runa y cómo se pueden combinar para crear tus propios hechizos y amuletos.

Una Breve Fuente Historial de las Runas Mágicas

Las inscripciones rúnicas se pueden encontrar a lo largo de la historia. No existe una narrativa lineal definida de las runas como objetos mágicos. Más bien, la evidencia está dispersa a lo largo de una línea de tiempo indefinida. Esta narrativa contiene inscripciones de referencias históricas, literatura y tallas misteriosas como amuletos y frases mágicas.

Literatura Histórica sobre Runas Mágicas

La Edda poética es una colección sin título de poesía narrativa en nórdico antiguo que se encuentra en el Codex Regius escrito a finales del siglo XII. Contiene numerosas fuentes de magia rúnica. Una de las mejores fuentes es el Sigrdrífumál, un poema que contiene versos que detallan cómo una Valquiria bendijo a un héroe con el conocimiento de las runas. Entre las otras obras de esta colección, hay poemas y estrofas sobre runas que cuentan cómo se usan en los hechizos que se enseñan entre los personajes mencionados. Se habla de lanzar un hechizo de encanto con la "runa de la alegría" y otros nombres de runas. En todos los casos, las runas se utilizan para magia real y hechizos para mejorar habilidades.

Además de en la literatura, las runas también aparecen en numerosos mitos nórdicos. Entre ellos, al mito nórdico de Odín y el Árbol del Mundo se le atribuye haber inspirado el sistema rúnico del Futhark antiguo. Una descripción de esto se puede encontrar en el Hávamàl de la Edda Poética. La historia de Odín y Loki creando una lanza mágica con la ayuda de runas para que nunca erre su objetivo es una de las más famosas.

Evidencia Histórica de Runas Mágicas

Durante las Edades del Hierro romana y germánica se descubrieron inscripciones protectoras y palabras rúnicas "alu". Talladas en lanzas, astas e incluso huesos, estas inscripciones parecen haber sido proliferadas por un Erilaz, traducido como "maestro de runas" o "mago".

También se ha documentado que se hacían hechizos y encantamientos utilizando runas ya en el año 98 EC. El político e historiador romano Publius Cornelio Tácito, ampliamente considerado como uno de los más grandes historiadores romanos por los eruditos modernos, describió los métodos mágicos y su estricto cumplimiento. Mencionó lo que parece ser un hechizo utilizando signos junto con objetos naturales como corteza de árbol y tela blanca. Luego describió la cuidadosa inspección y reverencia de estos signos. Esta práctica parece estar muy extendida entre la comunidad, con la asistencia de familiares y el sacerdote estatal. Si bien el término "signos" es a menudo discutido, generalmente se acepta que se refiere a la documentación escrita de runas mágicas en la práctica.

Evidencia Histórica del Propósito Mágico de las Runas

El Anillo Kingmoor, entre otros, lleva inscripciones rúnicas de aparente significado mágico. Y dos piedras rúnicas en Suecia contienen la frase "runas de poder" inscrita en ellas.

La piedra Glavendrup es una piedra rúnica encontrada en Dinamarca y data de principios del siglo X. Contiene una inscripción de advertencia sobre una maldición tallada en la piedra.

¿Qué Hace que las Runas Sean Mágicas?

Ahora que conocemos algunas de las referencias históricas a las propiedades mágicas de las runas, veamos *cómo* se usaban.

Habiendo analizado la historia de las runas en capítulos anteriores, sabemos que forman el alfabeto Futhark antiguo, una secuencia de 24 letras que significa "secreto" o "misterio" en el idioma gótico. Los pueblos germánicos del norte de Europa las utilizaban para adivinación, magia y como poderosos talismanes y amuletos protectores en la antigüedad.

Los nórdicos y otros pueblos del norte de Europa no usaban las letras rúnicas para la comunicación y el comercio. En cambio, marcaban tumbas, honraban a sus antepasados y predecían el futuro con ellas. Representaban grandes misterios, moralidad y adivinación. Se pensaba que las piedras rúnicas emanaban poderosas propiedades mágicas y eran muy veneradas debido a su narrativa histórica, por lo que se tomaban muy en serio.

Además de servir como símbolo de las condiciones cósmicas y de reverencia por los poderes superiores, las runas también tenían un propósito ritual. Las runas influyeron en todos los aspectos de la vida, desde lo sagrado hasta lo práctico. La salud y el amor estaban controlados por hechizos y runas, al igual que los cultivos, el mar y el clima. Había runas para la muerte y el nacimiento, la fertilidad y hechizos para poner fin a las maldiciones. Decoraban casas para mantenerlas seguras y barcos vikingos para protegerlas y fortalecerlas. También se grababan runas en armas, platos de comida y joyas.

Runas del Futhark Antiguo: Significado Mágico

A continuación, se muestra una lista de referencia rápida de significados mágicos y adivinatorios. Esta lista no es exhaustiva y algunos significados se superponen.

Runa	Usos Mágicos
ᛟ OTHALA / O	Influencia sobre posesiones, herencia, experiencia, ascendencia, patrimonio y valor.
ᛚ LAGUZ / L	Estabiliza las emociones y la agitación, mejora las habilidades psíquicas, descubre la verdad y enfrenta los miedos.
ᛖ EHWAZ / E	Energía, poder, confianza, progreso, comunicación, progreso, cambio, transporte.
ᛏ TIWAZ / T	Victoria, protección, reforzar voluntad, fuerza, curar una herida, análisis.
ᛉ ALGIZ / Z	Canaliza energía, un escudo, Protección, amparo contra el mal, guardián.
ᛇ EIHWAZ / E / I	Para facilitar una transición de vida, defensa, transformación, protección, provocar cambio.
ᛁ ISA / I	Refuerzo de otras magias, hielo, obstáculos, bloqueos, congelamiento y reflexión.
ᚺ HAGALAZ / H	Destructiva, clima peligroso, ruptura de patrones destructivos, la ira de la naturaleza, fuerzas incontroladas.

Runa	Usos Mágicos
ᚷ GEBO / G	Equilibrio, suerte, fertilidad, asociación exitosa, generosidad.
ᚱ RAIDHO / R	Genera cambio, protege a los viajeros, ritmo, facilita el cambio y la reconexión.
ᚦ THURISAZ / TH	Se concentra en deshacerse de lo negativo, la regeneración, la concentración y la autodisciplina.
ᚠ FEHU / F	Alcanza metas, suerte, nuevos comienzos, abundancia, éxito, suerte.
ᛗ DAGAZ / D	Claridad, positividad, despertar, conciencia, transformación.
ᛝ INGWAZ / NG	Fuerza, crecimiento, salud, equilibrio, conexión a tierra, conexión.
ᛗ MANNAZ / M	Orden en la vida, inteligencia, pensamiento, habilidad, destreza, crear.
ᛒ BERKANA / B	Empezar de nuevo, aliento, deseo, sanación, regeneración, liberación.
ᛋ SOWILO / S	Fuerza cósmica, energía, curación, fuerza, limpieza, éxito.

Runa	Usos Mágicos
ᛈ PERTHRO / P	Conocimiento de secretos, fertilidad, potenciar el yo y los poderes, controlar la incertidumbre.
ᛃ JERA / J/ Y	Fructificar, eliminar el estancamiento, crecer, cosechar, crear cambio.
ᚾ NAUTHIZ / N	Supervivencia, frustración, resistencia, obstáculos, determinación.
ᚹ WUNJO / W	Felicidad, armonía, alegría, prosperidad, éxito, motivación.
ᚲ KENAZ / C/ K	Luz, motivación, regeneración, inspiración, regeneración.
ᚨ ANSUZ / A	Liderazgo, comunicación, sabiduría, señales, salud.
ᚢ URUZ / U	Comprensión, fuerza, velocidad, energía, coraje, dedicación, vitalidad.

No importa el nivel de conocimiento que tenga del alfabeto Futhark antiguo o en qué punto de su proceso de aprendizaje se encuentre, siempre es útil tener una guía con cada nombre de runa y significado mágico.

¿Cómo Se Usan las Runas en los Hechizos?

Técnicamente hablando, no hay manera de saber cómo nuestros ancestros lanzaban hechizos con runas. Sin embargo, existe cierta evidencia de hechizos a través del habla, el canto y la escritura.

Generalmente hay dos formas de lanzar hechizos con runas. La primera es escribirlo y colocarlo con las runas sobre una tela, tapete o cuenco, conocido como talismán. Luego, el talismán transmite su poder a su escritura. La segunda es lanzar el hechizo mediante el habla o el canto, conocidos como encantamientos. En su libro "Futhark: La Magia De Las Runas", Edred Thorsson ideó un canto específico para cada runa para crear un mantra. Pero puede hacerlo como quiera.

¿Cómo se Pueden Utilizar las Runas para Realizar Magia?

Las runas también pueden usarse para realizar adivinación. Ayudan a manifestar la intención en la manifestación física al interactuar con energías internas y externas.

Al colocar tus runas en su objeto y escribirlas o tallarlas, se coloca un fluido sobre ellas. Los fluidos corporales más comunes son la sangre o la saliva. Las runas suelen teñirse de rojo con alcohol o tinte rojo (simbolismo de la sangre). Luego, se puede usar el nombre de la runa o un encantamiento corto de su elección. Es posible que sea necesario llevar a cabo o colocar un hechizo cerca del objetivo del hechizo, dependiendo de dónde ejercerá su influencia.

Combine Runas para Crear Poderosos Encantamientos

Según la literatura islandesa, entre los siglos XV y XIX se encontraron amuletos y duelas mágicos. Las duelas se crean cuando se combinan símbolos de runas para crear un efecto mágico aún más poderoso. Eran tallados en piedra, madera o papel y transportados o colocados en la granja o en los barcos para su protección. La conexión de un individuo con la runa se fortalece cuando las runas se tallan manualmente.

Los vikingos creían que, cuando se usaban correctamente, las runas podían manifestar ideas.

Duela Vikinga Vegvísir

Entre las duelas más populares se encuentra la vikinga Vegvísir. Una duela mágica está destinada a guiar a su portador en condiciones climáticas adversas. Geir Vigfusson compiló un mapa que representa un Vegvísir, que significa "aquello que muestra el camino", en el siglo XIX. En lugar del símbolo redondo que se utiliza hoy en día, el Manuscrito Huld utiliza un símbolo cuadrado con ocho duelas, cada una de las cuales termina con un símbolo diferente. Algunos especulan que cada símbolo rúnico representa un punto de dirección, similar a una brújula.

La Duela del Yelmo del Terror

La duela del Yelmo del Temor es uno de los símbolos islandeses más reconocibles y se dice que brinda protección y fuerza en la batalla a cualquiera que lo use.

Existe una fuerte conexión entre el Yelmo del Terror y las runas porque algunas de las formas de la duela son similares a las runas. Es muy poco probable que esta correspondencia fuera solo una coincidencia, dado lo centrales que eran las runas para la magia germánica. La duela usaba varios símbolos rúnicos, incluida la runa Algiz (Z). Teniendo en cuenta que se trata de una runa de fuerza y protección, tiene sentido que se utilice en su duela. También utiliza la runa Isa (I), que significa bloqueo de obstáculos.

Hechizos Rúnicos

No solo era posible utilizar runas para la adivinación, sino que también se utilizaban para obtener los resultados deseados. En tiempos de deseo, la gente dibujaba o tallaba en madera y piedra símbolos correspondientes a caracteres rúnicos y los mantenía consigo en todo momento como recordatorio de sus anhelos y deseos. Los deseos que se hacían realidad debido a hechizos rúnicos eran incinerados en llamas una vez que los encantamientos funcionaban.

Puede resultar un poco confuso descubrir cómo realizar hechizos cuando recién está comenzando con la Magia Rúnica. Aquí tiene un hechizo sencillo para principiantes, paso a paso.

Cómo Realizar un Hechizo con Runas

Estudiar las runas y comprender primero sus significados es el paso más crítico en este proceso. El hechizo final podría tener un resultado diferente que podría afectar su propósito general, por lo que debe tener cuidado con las runas que mezcla.

En consecuencia, no deje que esta perspectiva lo desanime. ¡Practicar tanto como sea posible es la mejor manera de aprender! Eche un vistazo a algunos de los hechizos que otros están haciendo y analícelos hasta que adquiera más conocimientos sobre cómo hacer hechizos.

1. Esto se trata de lo que quiere lograr con este hechizo. Utilice el cuadro anterior que describe cada runa y sus propiedades mágicas.

2. Después de haber mirado las runas, tómese un tiempo para visualizar lo que quiere de este hechizo. ¿Quiere ser feliz y prosperar? Imagínese en una serena pradera de girasoles dorados.

3. Para hacer que su hechizo sea realmente poderoso, debe considerar cuidadosamente las runas. Piense en el significado y simbolismo detrás de cada una de las runas. Es posible que descubra que una o dos aparecen sin previo aviso, como si lo estuvieran esperando.

4. Para empezar, elija solo 2 runas. No querrá complicar demasiado las cosas cuando recién está comenzando. Tómese las cosas con calma hasta que las domine. También es buena idea tener especial cuidado al combinar las runas. Trabajar con runas no es tan sencillo como parece y algunas de ellas tienen significados diferentes de lo que piensa. Asegúrese de investigar mucho sobre la historia de cada runa para seleccionar la adecuada para su propósito.

5. Crear su diseño es ahora el siguiente paso. Estamos buscando vincular las unir de este hechizo para crear un efecto extra poderoso. Necesitará algo de papel y un bolígrafo. No piense demasiado en este paso. Deje que sus pensamientos se suelten y déjese llevar por la corriente. Cuanto menos tiempo pase pensando en ello, más surgirá su deseo interior. Comience a dibujar tantas uniones de símbolos como desee. Siéntase libre de dejar volar su imaginación y dibujar lo que se le ocurra.

6. Deje que el dibujo se asiente durante unos minutos una vez que lo haya completado.

7. Ahora, eche un vistazo a sus dibujos y elija el que le llame la atención, el que parezca salir de la página.

8. Luego, elija cualquier material para unir las runas. Si está lanzando un hechizo con un propósito propio, tendrá que llevarlo consigo. Por lo tanto, elija algo práctico como piedra, tela o madera, o conviértalo en una decoración, enmárquelo y cuélguelo en la pared de su dormitorio. Si el hechizo es solo por un corto tiempo, entonces una hoja de papel generalmente será suficiente.

9. Ahora es el momento de crear el ritual. Sabe lo que quiere para crear su hechizo, ha elegido las runas para realizarlo y además tiene sus materiales listos y esperando. Ahora, cargue su encantamiento con energía y poder.

10. Realice el siguiente paso de la forma que desee. A algunas personas les gusta encender velas y entrar en un trance meditativo o en algún lugar tranquilo lejos del mundo exterior. Mientras dibuja o talla su runa, es vital que tenga su propósito en mente.

11. Lo más importante es permanecer en el presente y en el momento, sin perder la noción de la tarea que tenemos entre manos, y labrar una a una cada una de las runas de la runa vinculante hasta haber completado el diseño final de la runa. Tómese un momento para pensar cuál es el significado de cada runa y cómo le ayudará.

12. A algunas personas les gusta tomarse un momento después para absorber realmente el evento. Nuevamente, siempre sea consciente del propósito de su hechizo y de lo que quiere lograr con él. Después de todo, la manifestación de los deseos es uno de los conceptos principales de las runas. Asegúrese de permanecer en sus pensamientos mientras sostiene el amuleto con fuerza en sus manos.

¡Bien hecho! Ya ha creado su primera unión de runas y es hora de usarla. Recordar la magia de las runas no es tan difícil como cree. Todo lo que tiene que hacer para asegurarse de que funcione es mantenerla encima o alrededor de usted hasta que haga su trabajo. Guárdela en su bolso cuando vaya a trabajar. Además, si usa más de un bolso, por ejemplo, en el gimnasio, asegúrese de cambiar el encantamiento de bolso. Colóquelo en algún lugar donde no lo olvide, como en su dormitorio.

Para mantener la intención del hechizo, manténgalo consigo en todo momento.

Puede deshacerse de su runa vinculante tan pronto como logre su objetivo. Naturalmente, esto depende de la fuente vinculante que usó durante el hechizo. Si usó madera o piedra, está perfectamente bien que la entierre. Un amuleto se puede enterrar en un lugar que tenga un significado especial para algunas personas. Si usa papel, simplemente puede quemarlo dejándolo caer sobre una llama abierta o encendiéndolo con una vela.

Originalmente, las runas fueron diseñadas para usarse como letras en un idioma. Sin embargo, eran mucho más que letras. Al escribir o grabar un símbolo rúnico, se invocaba y dirigía la fuerza representada por él. Las runas simbolizan un intercambio significativo entre nosotros y el mundo invisible. Representan una historia poderosa que une a las personas con la naturaleza y el universo.

Capítulo 6: Creando y Activando sus Runas

Ya hemos explicado la historia de las propiedades mágicas de las runas del Futhark antiguo y cómo eran utilizadas como una antigua forma de profecía por quienes buscaban consejo.

Ahora, discutiremos los métodos de activación en relación con su encantamiento a través de técnicas de carga y meditación. Si quiere que sus runas le hablen, es necesario activarlas. Luego veremos cómo puede crear su propio conjunto de adivinación y cómo activarlo.

La runa debe estar activada para que funcione

Activando su Encantamiento Rúnico

Si siguió la guía para hacer su propio encantamiento rúnico en el capítulo 5, ahora profundizaremos un poco más en cómo *activarlo*. Saber cómo activar su runa para diversos propósitos es una gran habilidad. También es divertido aprender todas las diferentes técnicas que podrá agregar a su arsenal de adivinación.

Le proporcionaremos dos técnicas de activación. La primera se basará en una técnica de meditación que utiliza el poder de la Estrella Polar, también conocida como Ojo de Odín. La otra técnica de activación involucrará las propiedades de Galdr y la antigua forma de canto mágico.

Activación del Ojo de Odín

Espolvoree sal sobre su amuleto antes de cargarlo y déjela toda la noche. La sal actúa como herramienta de limpieza y también ofrece poderes protectores.

Herramientas:

- Amuleto rúnico
- Humo de hierbas/velas
- Brújula
- Mantel blanco
- Habitación tranquila
- Mesa
- Incienso

Instrucciones:

1. Encuentre un lugar tranquilo en su casa.
2. Cubra la mesa con su mantel.
3. En el centro de la mesa coloque las hierbas o la vela y el incienso.
4. Coloque su amuleto al lado de ellas.
5. Imagine que su amuleto es la esencia de la vida y que su esencia está destinada a crear una vida más rica y plena para usted. Luego, dedique unos minutos a reflexionar sobre el significado de su amuleto.

6. Usando la brújula, ubique el norte y colóquese usted y la mesa mirando hacia él.

7. Manteniendo los ojos cerrados, coloque el amuleto en la palma de sus manos o coloque las palmas de las manos sobre el amuleto.

8. Póngase en un estado meditativo e imagine que el brillo de la Estrella del Norte le atrae mientras medita. A medida que se acerque y la luz se vuelva más brillante, regrese con la luz a través del cielo nocturno hasta su habitación. Sienta el poder de la estrella fluyendo a través de usted mientras centra su energía en su cuerpo y mente.

9. Sostenga el amuleto hacia el norte, pensando profundamente en la intención del amuleto. Imagine la energía de Odín y la energía de la estrella asentándose en el amuleto.

Su amuleto ahora está activado.

Activación de Galdr

Tome nota de los nombres de las runas que usó en su amuleto. Tomaremos las primeras dos o tres letras de las runas y las combinaremos para hacer su canto Galdr. Por ejemplo, si usó el hechizo Ansuz (A) y Dagaz (D) para unir los dos elementos mágicos, entonces su canto podría ser "An-Dag", "Dag-An", Ans-Da", Da-Ans", "Ans-Dag" o "Dag-Ans". Cualquier combinación que elija será tan efectiva como cualquier otra.

Luego, cuando quiera activar su amuleto rúnico, puede sentarse y cantar este Galdr mientras lo usa en su ritual.

¿Para qué se Pueden Usar las Runas?

¿Sabía que las runas se pueden usar para otras cosas además de crear amuletos y lanzar hechizos? También se pueden utilizar en el arte de la adivinación. Primero, pregúntese por qué quiere crear su propio conjunto de runas. Las runas pueden proporcionar orientación e información sobre cómo pueden resultar las cosas. No actúan como una herramienta de adivinación per se, ni pueden ofrecerle consejos o respuestas sólidas. Pueden ofrecerle información sobre su situación particular, lo que, a su vez, puede proporcionarle una conciencia reaccionaria correcta.

Los lectores de runas reconocen que el futuro no está predeterminado y que los individuos pueden tomar sus propias decisiones. Debido a esto, es más que bienvenido a cambiar la dirección si no le gusta lo que obtiene de la lectura de una runa.

Hay muchas situaciones en las que se pueden utilizar runas. Consultar las runas puede resultar útil cuando tiene información limitada o no puede ver el panorama completo.

¿Cómo Funciona la Adivinación de Runas?

¿Recuerda cuando se mostró cómo lanzar su primer hechizo en el capítulo 5? Durante todo el proceso, enfatizamos la importancia de tener su objetivo en mente. Esto se debe a que las runas se centran en su mente consciente y subconsciente cuando hace una pregunta o piensa en un tema. Una runa no es completamente aleatoria cuando se lanza frente a usted, sino más bien una elección hecha por su subconsciente.

Es común utilizar runas para la adivinación. La mayoría de los usuarios de hoy en día las utilizan para buscar respuestas o incluso lograr el éxito. En la mayoría de los aspectos, las runas contemporáneas se diferencian de las del Futhark antiguo en que están mucho más relacionadas con cuestiones del siglo XXI como la paz interior y la oración. Aún podrá interpretar sus runas fácilmente, aunque posean las mismas cualidades que las utilizadas en la antigüedad.

¿Qué Tipo de Runas Necesito para la Adivinación?

Se pueden utilizar varios materiales para crear runas, como piedra, madera, arcilla, metal, guijarros, huesos y cristales. Si recién está comenzando y está tratando de descubrir si le gusta lanzar runas, entonces un simple conjunto de runas será más que suficiente.

Sin embargo, una vez que haya practicado durante un tiempo y haya desarrollado una pasión por las runas, probablemente querrás tener un *conjunto de adivinación* compuesto por cuarzo o cristales. Este tipo de conjuntos se pueden comprar y generalmente vienen con un folleto de instrucciones sobre cómo usarlos e interpretarlos.

Pero, si la historia y el origen de las runas le resonaron, probablemente comprenderá la importancia de crear sus propias runas y su conjunto de adivinación. Esto no solo le ayudará a comprender mejor el concepto de runas, sino que también lo acercará a ellas. Si están talladas con cuidado y atención, se formarán como parte de usted. Por lo tanto, será más probable que comprendan su energía y brinden una visión más personal de sus preguntas y problemas. No importa cuál sea el material, lo que más importa es la forma en que usas las runas, no cómo se ven.

Conjunto de Adivinación de Runas

Solo un comentario rápido sobre la cantidad de runas que necesitas crear. Un alfabeto rúnico consta de 24 letras, y el Futhark antiguo es el más común para la adivinación rúnica. Este es el conjunto que usará como inspiración al hacer el suyo. Algunos conjuntos de runas incluyen una runa en blanco, conocida como runa de Odín o runa Wyrd. Algunas personas aceptan esta runa en blanco como el aspecto desconocido del destino, mientras que otras creen que no hay evidencia histórica de que esta runa existiera cuando se crearon las letras del Futhark antiguo. No obstante, depende de usted si desea incluirla en su conjunto de adivinación. Si lo hace, creará 25 runas en lugar de solo 24. Sin embargo, si es la primera vez que crea un conjunto, es posible que desee hacer más y pecar de cauteloso. De esta manera, si comete un error durante el proceso de tallado, podrá elegir una runa de repuesto sin tener que crear otra.

Es esencial mantener simple el conjunto de adivinación cuando haga el primero. Comience pensando en la salud, el éxito, la fuerza y otras intenciones que usaría frecuentemente con sus runas. Se familiarizará más con sus runas y será más sincero acerca de su creación a medida que dedique más tiempo a elaborarlas. Como ha dedicado mucho tiempo a crearlas, cargarlas será más fácil cuando llegue el momento. Haga que cada una sea tan significativa como la anterior. Más adelante nos ocuparemos de cargarlas.

Cómo Crear su Propio Conjunto de Adivinación de Runas

Los materiales tradicionales más comunes para las runas eran la piedra o la madera. Esto se debía a que eran lo suficientemente simples como para tallar líneas. Sin embargo, hoy en día tenemos mucho mejor acceso a los materiales de moldeo. Entonces, para este conjunto de adivinación, usaremos arcilla polimérica para esculpir que se endurece en el horno porque es fácil de encontrar y usar. Además, no es tóxica y no ensucia mientras la usa.

Herramientas:
- Arcilla polimérica
- Espátula

- Lápiz
- Pequeña herramienta para tallar
- Horno ajustado a 110 grados Celsius/230 grados Fahrenheit
- Papel de aluminio o para hornear
- Pintura acrílica negra
- Pincel fino
- Un paño húmedo o una toallita húmeda
- Resina de fundición transparente

Instrucciones:

1. Enrolle algunas bolitas de arcilla entre sus manos (24 para el alfabeto Futhark antiguo, 25 si quiere incluir la runa en blanco. O más si quiere tener repuestos en caso de que cometa algún error durante el tallado).

2. Aplánelas con una espátula para evitar huellas dactilares. No demasiado grueso, alrededor de 0,5 cm / 0,19 pulgadas.

3. Puede hacerlas del tamaño que quiera: grandes o pequeños, usted decide. Esta es una ventaja de hacer un conjunto propio.

4. El siguiente paso es opcional, pero también convertiremos las runas en amuletos para la dualidad. Entonces, tome un lápiz o algo afilado con punta y haga un agujero en la parte superior de cada pieza de arcilla aplanada. De esta manera, puede usar las runas como amuletos y usarlas como collar.

5. Ahora, tallaremos las letras de las runas en las piezas de arcilla. Puede utilizar un lápiz o una pequeña espátula de arcilla.

6. Talle cada símbolo en la runa entre 1 y 2 mm de profundidad. De esta manera, los símbolos quedarán claros cuando se horneen.

7. Tómese su tiempo al tallar los símbolos y recuerde que si quiere usarlos como amuletos, mantenga el agujero para el amuleto en la parte superior.

8. Una vez que haya terminado de tallar, coloque las piezas de arcilla sobre un papel de aluminio o para hornear y sobre una bandeja para hornear.

9. Colóquelas en el horno a unos 110 grados Celsius / 230 grados Fahrenheit y hornéelas durante unos 30 minutos.

10. Después de 30 minutos, las piezas de arcilla estarán endurecidas. Déjelas enfriar durante otros 30 minutos.

11. El siguiente paso es opcional, pero ayuda a que los símbolos resalten más. Tome su pintura acrílica negra y su pincel y pinte con cuidado las muescas de las tallas de runas.

12. Después de pintar cada símbolo de runa, las cosas pueden verse un poco desordenadas. Si es así, tome un paño húmedo y limpie con cuidado cualquier residuo. Este paso no borrará la pintura, ya que las tallas serán lo suficientemente profundas como para mantener la pintura dentro en lugar de afuera.

13. Deje secar la pintura.

14. Para evitar que sus runas se desgasten (y luzcan bonitas y resistentes), píntelas con una resina transparente. Esto les dará un bonito brillo. Nuevamente, deje secar la resina.

Y ahí lo tiene. Su propio conjunto de adivinación está tallado y creado con cuidado y atención.

Activando su Conjunto de Adivinación

Cuando decimos activar, nos referimos a cargar el conjunto de energía. Esto no significa necesariamente cargarlo con el poder de la luna llena, sino encenderlo con su espíritu y confianza.

Las runas son una herramienta de adivinación, pero su interpretación depende de la esencia humana dentro de cada individuo. Por lo tanto, toda práctica de adivinación comienza con algún tipo de ritual diseñado para calmar la mente y reconectar al lector con su intuición.

El siguiente paso es plantear su pregunta al universo, utilizando nuevamente el poder de su mente. Los vikingos creían que todas las fuerzas naturales del mundo estaban interconectadas. En otras palabras, si hace una pregunta con intención, las fuerzas históricas que fueron tan veneradas por el antiguo uso de las runas pueden ayudarlo a encontrar una respuesta.

Para que la activación sea un éxito, hay una cosa que debe tener en cuenta antes de comenzar. Durante la activación, debe conocer el significado de cada una de las runas. Esto asegurará que inicie la esencia correcta del significado de la runa.

Algunas personas optan por utilizar candados con etiquetas en esta parte del ritual de activación. Esto significa el uso de fluidos corporales como sangre o saliva. Pero si no se siente cómodo usando fluidos corporales, aún puede activar las runas con la misma conexión siguiendo estos pasos.

1. Para aquellos interesados en usar un candado de etiqueta con sus runas, deben frotar cada una de las runas con un poco de sangre o saliva mientras siguen los pasos a continuación. Si no está interesado en encerrar ningún fluido corporal en las runas (¡no es absolutamente necesario y no queremos que se lastime!), entonces, por supuesto, omita este paso.

2. Tome cada una de sus runas, una por una, y colóquelas contra su frente, sobre su corazón o sosténgalas entre las palmas de sus manos.

3. Visualícela activamente en su mente mientras hace esto. Intente adoptar una postura meditativa o de oración si es posible.

4. Cuando sienta que estás listo, continúe y aplique un poco de sangre o saliva sobre el tallado de la runa. Mientras hace esto, siga diciendo o cantando el nombre de la runa.

Los maestros de runas utilizan este paso como una forma de crear un vínculo y escuchar cómo la runa les habla, no necesariamente con palabras, ya que es más bien un sentimiento.

5. Nuevamente, sostenga la runa contra su frente, corazón o entre las palmas de tus manos y dele un momento para que se cargue.

Durante este paso, algunos prefieren decir un canto específico, respirar sobre la runa o decir "que así sea" o "gracias". Esto puede crear un vínculo entre usted y cada una de las runas. Recuerde, hay 24 runas por conjunto, por lo que tendrá que realizar este paso de activación al menos 24 veces. Para aquellos que frotaron sus runas con fluidos, pueden agregar un sellador sobre ellas para evitar que se descascaren.

Una vez que haya activado las runas y haya completado este paso, podrá lanzar las runas. Se pueden tirar al suelo, sacar de una bolsa o utilizar de cualquier otra forma. La posición de una runa en relación a las demás y dónde cae determinará cómo se interpreta la respuesta.

Discutiremos exactamente cómo leer las runas que lance en otro capítulo. Pero por ahora, sepa que los investigadores y místicos han desarrollado varias formas diferentes de leer las runas para la adivinación, y existe una amplia gama de enfoques. No obstante, descubrirá que cada práctica se basa en conectar con su intuición a través de las runas.

Cuidando sus Runas

Limpiar y activar sus runas es una parte integral del cuidado de ellas. Si trata las runas con respeto, pueden convertirse en una poderosa herramienta de apoyo. La frecuencia con la que realice sus rituales de limpieza dependerá de algunos factores, pero esencialmente depende de usted con qué frecuencia las recargas. Si las runas son nuevas o han sido tocadas por otras personas, entonces tiene sentido reactivar su poder para que se unan a usted y solo a usted. Las runas deben mantenerse lo más cerca posible de usted, ya que a menudo se consideran artículos personales. Sintonizar su propia energía manteniéndola cerca de usted en el trabajo o en su dormitorio le ayudará a recibir una lectura más precisa.

Puede guardar sus runas en una bolsa para mantenerlas a salvo
https://unsplash.com/photos/vzrKcFry8Sc

Las runas se pueden guardar en una caja o en una bolsa hecha de materiales naturales. Además de las bolsas de terciopelo, algunos prefieren cajas de madera con una barra de selenita en su interior. La selenita es un cristal curativo natural, por lo que sus propiedades pueden emitir una poderosa energía curativa hacia sus runas.

Siempre debe permanecer centrado emocionalmente sin importar cómo active sus amuletos rúnicos o su conjunto de adivinación. Es posible que las fuerzas superiores a las que invoca tengan una reacción positiva o negativa a sus preguntas, dependiendo de sus sentimientos internos durante el ritual.

A estas alturas, debería comprender mejor lo que se necesita para invocar la magia de las runas del Futhark antiguo. Una vez que esté familiarizado con su significado, el siguiente paso será activar sus amuletos rúnicos. Una vez que haya hecho eso, el proceso debería energizar su subconsciente creativo para que cree su propio conjunto de adivinación.

Capítulo 7: Seiðr, el Arte de la Adivinación Rúnica

En este capítulo, aprenderá a desarrollar la habilidad de Seiðr, la práctica de predecir lo desconocido mediante la lectura de las runas del Futhark antiguo. Para empezar, se le brindará una visión integral de la adivinación en general y del Seiðr como práctica y los resultados que puede esperar de ella. Como cualquier otra práctica de adivinación, Seiðr requiere que prepare su espacio, algunas herramientas, su cuerpo y su mente. Una vez analizados estos elementos, estará listo para pasar al tema del lanzamiento de runas y aprender a utilizar las extensiones rúnicas como forma de guía para abordar problemas o situaciones actuales. También se le proporcionará un resumen rápido del significado de cada símbolo rúnico para ayudarlo a leerlos y encontrar las respuestas que busca.

Conceptos Básicos de Adivinación y Seiðr

La adivinación es un método para aprovechar su intuición para acceder a conocimientos ocultos a sus procesos de pensamiento conscientes. Su mente subconsciente comunica lo que ve e interpreta como mensajes espirituales, permitiendo que su mente consciente los descifre. Algunas formas de adivinación incluyen la interpretación de los sueños, la adivinación con cristales, el uso de cartas del Tarot, monedas y hojas de té, y la invocación de runas. La adivinación mediante runas es muy similar a leer las cartas del Tarot en el sentido de que no le ayudará a predecir el futuro. Es una herramienta de orientación que trabaja con su subconsciente para resolver problemas o superar situaciones observando los posibles resultados.

Seiðr es un tipo de magia nórdica relacionada con contar y dar forma al futuro. Según los mitos nórdicos, Seiðr estaba asociado principalmente con las deidades Odín y Freya, quienes luego enseñaron la práctica a las otras deidades nórdicas. Posteriormente, la práctica se transmitió a la humanidad en general y se decía que estaba reservada para las mujeres de cada generación. Hoy en día, los practicantes de magia nórdica todavía utilizan Seiðr como una práctica adivinatoria confiable.

Para realizar Seiðr, un practicante debe entrar en trance para interactuar con las fuerzas divinas. Luego, hace preguntas relacionadas con profecías u orientación para acciones futuras. Los rituales Seiðr se pueden realizar para buscar conocimientos ocultos, ya sea que estén escondidos en un lugar físico o en la mente, atrayendo buena suerte y muchos otros propósitos alcanzables. En la antigüedad, también se hacía para curar a los enfermos, controlar el clima, resolver disputas y traer lo contrario de todo lo anterior. Sin embargo, dado que el método gira en torno a preguntas del pasado, presente y futuro, lanzar e interpretar runas de manera consistente es casi imposible. La única forma de practicar la adivinación Seiðr de forma fiable es utilizarla para objetivos conscientes y alcanzables.

Qué Necesita para Practicar la Adivinación

Lo primero que necesitará para practicar la adivinación rúnica es un conjunto de runas. Aquí puede comprar un conjunto de runas prefabricadas o crear unas propias, como hacen muchos practicantes del paganismo nórdico. Si bien lo primero probablemente sea más fácil para los principiantes, crear runas mejora su conexión con ellas, lo que hace que funcionen aún mejor para usted. Si opta por la primera opción, podrá elegir entre runas hechas de piedra, madera y cristales. Tallar runas en cristales les infunde un elemento adicional llamado vibraciones naturales, que pueden usarse para diversos propósitos.

Si elige crear sus propias runas, puede inscribirlas en trozos de piedras o madera con nueces, como avellana, avena, pino o incluso cedro. Además de tallar, también puede pintar los símbolos con pintura acrílica (muy recomendable para principiantes) o quemarlos en la madera (solo recomendado si tiene experiencia en el uso de herramientas de quemado). Tallar sus propias runas puede ser parte del proceso de preparación mágica para cualquier hechizo, adivinación u otro acto mágico. Puede ser beneficioso para su práctica, pero no debes tomarlo a la ligera; de lo contrario, no podrá infundir sus poderes a sus runas.

También necesitará preparar una superficie para trabajar. Esta puede ser su altar o cualquier otro espacio sagrado en el que practique habitualmente. Si opta por el método de la tela, necesitará colocar un trozo de tela sobre la superficie preparada. Puede utilizar cualquier tipo de incienso, velas, aceites, cristales o cualquier otra herramienta que le ayude a entrar en el estado de ánimo adecuado para acceder a la información que busca. Aparte de estos elementos y las runas, puede preparar símbolos del guía con el que está trabajando. Si busca orientación adivinatoria de una deidad nórdica, debe tener algo que la simbolice. Puede ser una imagen, un objeto o el dibujo de la runa que la representa.

Tirada de Runas

La tirada de runas es un método de adivinación oracular popular utilizado por los practicantes de la magia nórdica. Implica lanzar runas para recibir orientación para manejar problemas o situaciones con las que necesite ayuda. La tirada de runas es esencialmente muy similar a las tiradas del Tarot, ya que también ofrece una mejor perspectiva para una variedad de situaciones, algunas generales, otras más específicas. Esta última situación es un propósito más común, ya que tiene más posibilidades de recibir una respuesta a una pregunta concreta que a una genérica.

Cada runa del Futhark antiguo tiene un significado correspondiente, y las que se encuentran frente a usted lo guiarán hacia posibles respuestas o soluciones. Dicho esto, al igual que con cualquier método de adivinación, las runas no le darán la respuesta exacta a sus preguntas, ni ofrecen consejos directos sobre lo que debe o no hacer con su vida. Más bien, sugieren diferentes resultados y factores que pueden influir en ella. La Tirada de Runas puede ser una gran herramienta para mejorar su intuición y aprender a confiar en ella aplicando algunas habilidades de pensamiento crítico. Al igual que con las tiradas del Tarot, las reglas no revelan nada fijo. Sus acciones pueden influir en el resultado de diferentes situaciones y alterarlas drásticamente. Entonces, si no le gusta un resultado, cambie lo que está haciendo actualmente y los resultados serán más de su agrado.

Cómo Tirar Runas

Según las tradiciones nórdicas, las runas se tiran sobre tela blanca. Esta proporciona un fondo neutro para que el lanzador pueda concentrarse en los resultados. El color blanco también se considera mágico y se cree que mejora la formación del vínculo mágico entre las runas y la persona que las lanza. Si bien hay practicantes que prefieren lanzarlas al suelo para tener un mejor acceso a la magia natural, la elección dependerá de usted.

Algunos métodos de tirada de runas implican arrojar las runas frente a usted; otros requerirán que las coloque en un patrón elaborado. Con los primeros también podrá elegir entre mantener los ojos cerrados o abiertos mientras mira al cielo durante el lanzamiento. Cuando las runas aterrizan, puede abrir los ojos o bajar la cabeza y leerlas. Lanzar una tirada rúnica es similar a diseñar una tirada de Tarot. Sostiene la bolsa o caja en su mano, formula sus preguntas y comienza a sacar las runas una por una. Las coloca en la forma de la tirada que ha elegido interpretar.

Cualquiera que sea el método que elija, guarde sus runas en una bolsa o caja hasta que esté listo para tirarlas para evitar que se infundan con influencias negativas. Antes de iniciar el proceso de adivinación, prepare su espacio limpiándolo, y podrá hacer lo mismo con su mente y cuerpo también. Asegúrese de tener en mente las preguntas e intenciones correctas considerando su situación actual y lo que desea lograr en el futuro. Incluso puede hacer un ejercicio de meditación preparando su mente para concentrarse o decir una oración rápida a la deidad a la que está pidiendo ayuda.

Cómo Utilizar Tiradas de Adivinación Rúnica

Hay algunos diseños diferentes que pueden ayudarlo a aprovechar su intuición y revelar las respuestas a las preguntas que hace durante su práctica adivinatoria. La más sencilla es la extracción de 1 runa, aunque no es realmente adecuada para la adivinación porque solo responde preguntas de sí o no. Dicho esto, aún puede ser excelente para practicar y aprender los significados de las runas, especialmente si está familiarizado con el Tarot, ya que es muy similar al método de lectura diaria de 1 carta. Implica sacar una runa de su bolso y mirarla para interpretar su significado.

Necesitará más runas para obtener información sobre influencias pasadas y presentes y resultados futuros. Las distribuciones populares que involucran múltiples runas son el esquema de 3 runas, el esquema de 5 runas, el esquema de 7 runas, el esquema de 9 runas y el esquema de 24 runas. Antes de lanzar cualquiera de las tiradas, debe poner su mano en la bolsa donde guarda sus runas. Mueva sus manos para mezclar las runas antes de arrojarlas. Dado que la tirada de runas normalmente aborda un problema particular, debe considerar qué problema desea explorar. Esto le ayudará a acceder a las influencias del pasado y del presente.

El Esquema de 3 Runas

Este es uno de los diseños más antiguos, ya que tradicionalmente los nórdicos lanzan sus runas en 3 o múltiplos de 3. Revela influencias pasadas, presentes y futuras relacionadas con preguntas simples y, a menudo, se recomienda para practicantes principiantes.

A continuación, se explica cómo lanzarlo:

- Saque 3 runas de su bolsa una a la vez y colóquelas sobre la tela. Asegúrese de colocarlas una al lado de la otra con sus símbolos mirando hacia usted.
- La primera runa indica su problema en general, así que asegúrese de mirarla detenidamente.
- La segunda runa muestra todos los desafíos que enfrenta como resultado del problema.
- La última runa destaca los posibles pasos que puede seguir para superar los desafíos.

El Esquema de 5 Runas

Una vez que domine la tirada de 3 runas, puede probar suerte con el esquema de 5 runas. Las 2 runas adicionales le ayudarán a explorar su problema en detalle para que pueda comprender mejor cómo su pasado y su presente influirán en su futuro.

Aquí se explica cómo hacer la tirada de 5 runas:

- Coloque sus runas en forma de cruz. La runa inferior representará las influencias fundamentales sobre las respuestas que busca.

- La runa del extremo izquierdo transmite los problemas que llevan a las preguntas.
- La runa del extremo derecho representa las respuestas a sus preguntas.
- La runa en la parte superior indica influencias positivas sobre las preguntas y las respuestas.
- La última runa, la del medio, indica posibles influencias futuras sobre la respuesta.

El Esquema de 7 Runas

El esquema de 7 runas revela influencias pasadas, presentes y futuras relacionadas con sus preguntas, junto con otros posibles problemas que no conocía, algunos de los cuales quizás quiera explorar más a fondo.

A continuación, se explica cómo utilizar la tirada de 7 runas:

- Con las runas en su mano, formule una pregunta (o más).
- Distribuya sus runas en forma de V y comience a interpretar las respuestas y las posibles influencias sobre ellas.
- La primera runa en la posición superior izquierda indica influencias del pasado.
- La segunda runa debajo de la primera representa las influencias actuales relacionadas con las respuestas.
- La que sigue a continuación muestra cómo las acciones futuras pueden influir en el resultado y la veracidad de las respuestas.
- La runa central en la parte inferior de la V indica posibles caminos que puede tomar para alcanzar el resultado deseado.
- La primera runa en el lado derecho, encima del centro, resalta cualquier emoción que pueda influir en las preguntas.
- La runa de arriba indica cualquier problema que conduzca a la pregunta y que pueda influir en el resultado.
- Finalmente, la runa en la parte superior derecha representa los posibles resultados futuros de la situación o pregunta sobre la que desea saber más.

El Esquema de 9 Runas

El 9 se considera un número místico en la mitología nórdica y usarlo en un diseño de runas puede mejorar su práctica de adivinación. También es increíblemente fácil de usar, aunque requiere 9 símbolos diferentes para interpretarlo. Aquí se explica cómo hacerlo:

- Cierre los ojos y esparza 9 runas sobre un paño.
- Abra los ojos y observe cómo aterrizaron prestando atención a dos factores.
- ¿Las runas están volteadas o hacia arriba? Las runas que caen mirando hacia arriba confirman las respuestas a sus preguntas, mientras que las que miran hacia abajo indican problemas relacionados con las preguntas que aún no conoce.
- También debe fijarse si las runas han aterrizado más cerca del centro de la tela o más lejos. Lo primero muestra los asuntos cruciales que deberían preocuparle en el futuro, mientras que el segundo grupo pertenece a asuntos menos importantes.

El Esquema de 24 Runas

Se recomienda un esquema de 24 runas al comienzo de un ciclo para revelar lo que le puede traer el año. Además del calendario romano, el día de Año Nuevo, el comienzo del año de nacimiento y el solsticio de invierno también cuentan como el comienzo de un nuevo ciclo. Es un método avanzado, ya que utiliza las 24 runas del Futhark antiguo.

A continuación, se explica cómo hacer el esquema de 24 runas:

- Después de formular sus preguntas, coloque las runas en una cuadrícula de 3x8. Leerá e interpretará cada fila de derecha a izquierda.
- La primera runa de la primera fila representa las formas en que se pueden obtener ganancias financieras y prosperidad.
- La segunda runa muestra las formas en que puede mejorar su salud física y su fuerza.
- La tercera runa muestra cómo puede defenderse y vencer a la competencia.
- La cuarta runa indica cómo puede obtener sabiduría e inspiración para realizar cambios.
- La quinta runa le muestra la dirección que tomará el camino de su vida durante el año.
- La sexta runa revela toda la sabiduría que puede aprender el próximo año.
- La séptima runa muestra todas las habilidades que puede dominar y perfeccionar y los regalos que recibirá.

- Las ocho runas de la primera fila representan todas las formas en que puede lograr el equilibrio y la felicidad.
- La primera runa de la segunda fila representa los cambios futuros que puede esperar en su vida.
- La segunda runa indica lo que debe hacer para alcanzar sus sueños y obtener sus metas.
- La tercera runa representa cualquier obstáculo que la vida pueda poner en su camino durante su viaje.
- La cuarta runa resalta sus logros y éxitos a lo largo del año.
- La quinta runa indica los desafíos que deberá superar y las decisiones que deberá tomar.
- La sexta runa representa toda su fuerza interior y las habilidades que se manifestarán.
- La séptima runa representa la situación más crítica que enfrentará durante el año.
- La octava runa actuará como guía para su energía en su viaje.
- La primera runa de la tercera fila representa cualquier asunto comercial y legal del que sea parte.
- La segunda runa muestra cómo lograrás el crecimiento personal.
- La tercera runa indica todas las relaciones que establecerá durante el próximo año.
- La cuarta runa representa su estatus social esperado.
- La quinta runa le muestra cómo puede cambiar su estado emocional.
- La sexta runa resalta cualquier situación romántica de la que será parte.
- La séptima runa le muestra las formas en que obtendrá armonía en su vida.
- La octava runa representa todos los activos que obtendrá a lo largo del año.

Cómo Leer Cada Runa

Una vez que tenga sus runas esparcidas frente a usted, podrá interpretar sus significados. La siguiente tabla muestra un resumen rápido del significado principal de cada símbolo rúnico.

Aett de Freyr		Aett de Heimdall		Aett de Tyr	
Fehu ᚠ	Ganado/ Riqueza	Hagalaz ᚻ	Granizo	Tiwaz ↑	Victoria
Uruz ᚢ	Buey	Nautiz ✝	Necesida des	Berkana ᛒ	Abedul
Thurisaz ᚦ	Gigante/ Espina	Isa ᛁ	Hielo	Ehwaz ᛗ	Caballo
Ansuz ᚨ	Mensaje	Jera ᛋ	Cosecha	Mannaz ᛘ	Hombre
Raido ᚱ	Viaje	Eihwaz ᛁ	Tejo	Laguz ᚱ	Lago
Kenaz ᚲ	Antorcha	Pertrho ᛈ	Destino	Ingwaz ᛝ	Fertilidad
Gebo ᚷ	Regalo	Algiz ᛉ	Alce	Dagaz ᛞ	Amanecer
Wunjo ᚹ	Alegría	Sowilo ᛋ	Sol	Othila ᛟ	Herencia

Sin embargo, como ha aprendido en los capítulos anteriores, cada runa del Futhark antiguo tiene varias asociaciones simbólicas. Por ejemplo, Ehwaz significa caballo, pero también se cree que significa suerte o rueda. Para obtener las respuestas que busca, es fundamental no centrarse únicamente en los significados principales. En cambio, debe pensar en cada runa y en cómo se relacionan con sus preguntas. Si seguimos el ejemplo de Ehwaz, debería considerar si su pregunta fue sobre suerte, posibles viajes, deportes sobre ruedas o caballos en general. Piense también en su situación: es posible que las preguntas que haga no transmitan lo que realmente desea lograr porque no es consciente de ello. Por ejemplo, si no tiene suerte y Ehwaz aparece en la posición de respuesta principal, debe mirar las otras runas para obtener respuestas sobre cómo puede cambiar su suerte. No ignore sus corazonadas porque a menudo estas son la clave para revelar las respuestas inconscientes que su mente consciente no puede procesar. Por ejemplo, si ve a Ehwaz y su pensamiento inmediato es que está a punto de obtener un ascenso en su trabajo, existe una alta probabilidad de que tenga razón.

Capítulo 8: Más Formas de Trabajar con Runas

Si bien la mayoría de las veces las runas nórdicas se utilizan para prácticas adivinatorias, también pueden ser una poderosa adición a sus rituales mágicos y de meditación. Puede seleccionar una o más runas asociadas con su intención para el rito e incorporarlas a su práctica. No solo eso, sino que también puede usarlas todos los días como talismán para recordarle la intención que estableció al cargar la runa. Este capítulo cubre varios usos de las runas, desde la meditación hasta los talismanes para hacer el amor y el Reiki rúnico. La mayoría de estas opciones requieren que use magia rúnica junto con otras herramientas, que es libre de elegir dependiendo de lo que sienta que necesita para manifestar su intención.

Usando Runas en Rituales

El uso de runas en rituales requiere práctica regular porque aumenta la concentración y mejora las habilidades intuitivas. Cuanto más practique, más vívidamente podrá visualizar las runas, lo que, a su vez, ampliará significativamente su capacidad para manifestar su intención. La cantidad de formas en que puede usar runas en rituales es prácticamente ilimitada, ya que pueden incorporarse a todo tipo de ceremonias. A continuación, se muestran algunos sencillos consejos que le ayudarán a empezar.

Ejercicio de Empoderamiento de Conexión de Runas

Incluso si ha encontrado la runa que le atrae y la ha cargado con su energía, es posible que quiera fortalecer su vínculo con ella. Los principiantes pueden aprovechar especialmente este sencillo ejercicio. A continuación, se explica cómo realizar este ritual:

- Recorte un trozo de papel de 3x5 pulgadas y dibuje en él la runa que ha elegido con un marcador rojo.
- Siéntese en una posición cómoda frente a su altar o mesa y coloque el papel frente a usted.
- Respire profundamente un par de veces mientras se concentra en formar la runa en su mente.
- Repita mentalmente el nombre de la runa tres veces, o si siente que mejora su concentración, también puede cantarlo en voz alta.
- Haga una pausa después de la tercera vez para ver qué le dice la runa y luego repita su nombre tres veces más.
- Continúe esto durante varios minutos hasta que se forme una imagen mental sólida de la forma de la runa y su conexión con las sensaciones que recorren su cuerpo y mente.
- El ejercicio general no debe durar más de 10 minutos, pero si siente que necesita más tiempo para perfeccionar su postura, respiración y concentración, siéntase libre de hacerlo todo el tiempo que quiera.

Ritual para Mejorar Su Concentración

Si aún tiene problemas para mantener la concentración, este ejercicio puede ayudarle a mejorar esta habilidad para que pueda manifestar su intención. Es muy similar al anterior, excepto que se centra más en regular los patrones de respiración. Aquí se explica cómo hacerlo:

- Repita el primer paso del ejercicio anterior hasta que esté listo para recitar el nombre del símbolo.
- En este caso, querrá hacer esto en voz alta mientras mantiene un patrón de respiración específico. Esto implica inhalar durante 10 segundos, contener la respiración durante 2

segundos y exhalar junto con el nombre del símbolo. Aguante la respiración una vez más durante 2 segundos.

- Ahora, intente cambiar de posición para ver si mejora su concentración. Por ejemplo, intente ponerse de pie o recostarse si está sentado. Si estuviera de pie, siéntese con los hombros relajados.

- Una vez que haya encontrado la posición que mejor le funcione, concéntrese en el papel que tiene delante durante un par de minutos.

- Cierre los ojos y visualice el símbolo frente a usted. Intente crear una imagen lo más vívida posible.

- Una vez que pueda mantener la imagen frente a usted durante 10 minutos, habrá dominado con éxito este ejercicio.

Ritual de Protección

Los rituales de protección rúnica también eran populares entre los antiguos nórdicos. Además de disuadir las influencias negativas de la vida, también se puede realizar un ritual de protección para desterrar las fuerzas que puedan interferir con el trabajo del practicante. Aquí tiene un rito de protección que puede practicar todos los días y utilizar junto con cualquier otro ritual:

- Párese en una posición cómoda y establezca un ritmo de respiración relajante. Puede seguir el patrón descrito en el ejercicio anterior o crear uno propio.

- Con los ojos cerrados o abiertos, visualice las runas Hagalaz o Eihwaz en rojo mientras canta el sonido en voz alta tres veces.

- Gire lentamente en círculo mientras mantiene la imagen de la runa y repite su nombre, y adopte un ritmo de respiración constante y profundo.

- Una vez que pueda realizar este ejercicio sin interrupciones en su concentración, podrá emprender cualquier otro trabajo con runas con confianza.

Ritual de Apertura

En la antigüedad, el trabajo poderoso con magia rúnica a menudo requería que el practicante realizara un ritual de invocación antes del acto real. Esto ayudaba a preparar la mente, el cuerpo y el espacio del practicante para el proceso, de modo que pudiera manifestar su intención de manera más efectiva. Por lo general, también se dirige a una deidad nórdica a la que se le pedirá ayuda durante el ritual principal. Si desea incorporar este ritual a su práctica, puede hacerlo siguiendo esta guía:

- Párese en medio de una habitación o espacio sagrado que haya elegido para realizar su ritual, mirando al este o al norte.
- Sosteniendo las runas con las que trabajará durante el ritual principal, recite lo siguiente:

    "Parte ahora poderoso (el nombre de la deidad nórdica con la que estás trabajando) desde tu hogar celestial.

    Cabalga rápidamente con todas tus fuerzas para ayudarnos a dar y ganar.

    Runas sagradas que ahora usamos para atraer los poderes,

    el flujo constante con el que fluyen ahora es nuestro".

- Ahora camine hacia la parte más oriental o norte de su espacio y, con su mano, trace un círculo siguiendo el sol, de izquierda a derecha, mientras canta:

    "Estas poderosas runas ahora están dibujadas a nuestro alrededor,

    fuerzas no deseadas; ¡ahora manténganse alejadas!".

- Cuando haya completado el círculo, regrese al centro del espacio, mirando en la misma dirección que antes. Después de eso cante:

    "Las fuerzas preocupantes se dirigen ahora hacia el este,

    santificado sea tu nombre, oh poderoso (nombre de la deidad nórdica) ".

- Una vez que se completa este ritual de invocación, puede realizar el rito principal.

Ritual de Cierre

Cuando un acto mágico comenzaba con un ritual de apertura, los antiguos nórdicos también se veían obligados a realizar un rito de cierre. Este se utiliza para la asimilación de los mensajes recibidos durante el ritual y como expresión de agradecimiento por la ayuda de las deidades. Esto fortalece aún más la intención del ritual. Así es como puede realizar un ritual de cierre exitoso:

- Párese mirando al este o al norte mientras entona:

    "Ahora la obra sagrada se realiza con la ayuda de (la deidad nórdica).

    Lo saludamos porque sabemos que nos brindó su ayuda".

- Ahora es el momento de apagar las velas o el fuego que se utiliza tradicionalmente durante los rituales.

- Mantenga o trace el símbolo de Kenaz y diga lo siguiente:

- *"Con la ayuda del fuego que ahora ha dejado de brillar, la poderosa (deidad nórdica) podrá encenderse para siempre".*

- Si ha realizado un acto mágico empoderador, es posible que esto requiera que internalice su nueva energía. Entonces, el siguiente paso es dibujarla con la ayuda de la runa Fehu.

- Puede sostenerla en su mano o dibujar su imagen en el aire con la mano y respirar profundamente.

- Lleve los brazos hacia adentro y toque el plexo solar con las yemas de los dedos.

- Repita esto en las cuatro direcciones cardinales, visualizando cada vez la energía atraída hacia su centro.

- Con una última exhalación del ejercicio, suelte cualquier imagen en la que se haya centrado durante el rito y aléjese del espacio sagrado.

Meditación Rúnica

Si bien en un capítulo anterior se cubrió una forma de meditación rúnica, este ofrece un tipo general de meditación que puede adaptar a sus preferencias y necesidades mágicas.

La meditación rúnica puede ayudarlo a alinear su energía
https://unsplash.com/photos/FjYwhowyp6k

Cualquiera que sea el acto mágico que decida realizar, esta meditación puede ayudarle a prepararse asegurándose de que su energía esté alineada con sus necesidades. A continuación, se explica cómo hacer un ejercicio de meditación rúnica:

- Encuentre un lugar tranquilo donde no lo molesten y donde pueda sentirse lo suficientemente cómodo, y conviértalo en su área dedicada a la meditación.

- Usando los símbolos que le atraen en ese momento, cree una runa de anillo en una hoja de papel más grande y colóquela frente a usted para que quede a la altura de sus ojos cuando medite.

- Asuma una posición cómoda y respire profundamente unas cuantas veces.

- Cuando esté lo suficientemente relajado, mire a un anillo de runas frente a usted.

- Ahora puede pasar a un nivel secundario de conciencia colocando las runas en el centro de su enfoque.

- Concéntrese en lo que representa el anillo rúnico para usted y cómo planea utilizarlo.

- Ahora, cierre lentamente los ojos y continúe visualizando la forma de cada runa tal como aparecen en el papel.

- Contemple su semejanza en su mente y escuche su intuición.
- Si es principiante, es posible que tenga problemas para enfocar las imágenes con los ojos cerrados. Si es así, siéntase libre de abrir los ojos y mirar los símbolos antes de volver a cerrarlos.
- Una vez dominado el truco, pase a un análisis más complejo de las runas.
- Al principio, puede mantener su concentración en cada runa durante 10 a 15 segundos en un intento de descifrarlas. Después de un poco de práctica, podrá hacer esto en 5 segundos por runa.
- Después de esto, debe respirar profundamente y purificarse y sumergirse en el silencio interior.
- Durante esto, las runas que ha visualizado se combinan con una intención y un propósito rotundo.
- Puede continuar la meditación mientras sienta un vínculo con la fuerza rúnica. En este estado meditativo, es posible que lo lleven por numerosos caminos. Algunos estarán asociados con la runa misma, mientras que otros revelarán relaciones entre las runas. De cualquier manera, las posibilidades de utilizar la meditación con runas son infinitas.
- Una vez que sienta que el vínculo con la runa se disipa, puede finalizar la meditación respirando profundamente. Si lo desea, también puede repetir una declaración final similar a la siguiente:

    "Ahora mi trabajo está hecho, y estoy listo para continuar"..
- Abra los ojos y rompa el ritual alejándose del área de meditación.

Talismanes Rúnicos

Las runas no tienen por qué limitarse a usos meditativos o rituales. También puede beneficiarse de su energía usándolas como talismán. Con el símbolo asociado a lo que quiere lograr cerca de usted, concentrarse en manifestar su intención en la vida real será mucho más fácil.

Elija una runa con la que realmente sienta una conexión, ya que estará alineada con su intuición. Los talismanes rúnicos generalmente están hechos de piedra, madera, hueso o metal, aunque ocasionalmente también se usaba papel pergamino. Cualquiera de estos funcionará si la guarda en su escritorio o la lleva consigo como colgante.

Los objetos en los que están talladas las runas también pueden cumplir algunas funciones utilitarias, como bolígrafos, hebillas, automóviles y más. Los siguientes talismanes rúnicos simples y fórmulas de inscripción pueden resultar de ayuda.

Fomentando o Consolidando el Amor

Una de las formas más populares de utilizar runas como talismanes es fomentar el amor y el afecto para desarrollar una relación o fortalecer el vínculo dentro de una existente. Recuerde que no se puede crear afecto donde no lo hay, y las runas deben usarse para buenas intenciones. Aparte de las implicaciones éticas, la magia del amor parece funcionar más eficazmente cuando se utiliza para mejorar los sentimientos existentes. A continuación, se explica cómo crear un talismán para rituales de amor:

- Cree las runas tallando los siguientes símbolos en un trozo de madera o piedra:

- ᚷᚠᚾᛏᛗᚦ

- Talle el nombre de las dos personas entre las que quiere potenciar el afecto en el otro lado del talismán.

- Ya sea que esté haciendo el talismán para mejorar su vida amorosa o la de otra persona, haga dos conjuntos para que el hechizo pueda funcionar en ambos lados.

- Después de grabar los nombres y símbolos en las runas, debe cargar las runas con su intención. Haga esto concentrándose en las dos personas que quiere unir, así como en las fuerzas rúnicas que unirán el amor.

- Las dos personas a las que está destinada la runa deben llevar el talismán cerca de sus cuerpos para fomentar el afecto de la otra persona. Una forma alternativa de este ritual es grabar los símbolos en una pieza prefabricada de joyería de madera o piedra, lo que facilita su uso.

- Las dos partes también pueden colocar el talismán debajo de la cama del otro o sobre un umbral que la otra persona cruza regularmente.

Siguiendo una tradición centenaria, los practicantes de la magia nórdica a menudo se regalan amuletos de amor como parte de su ceremonia de boda. Una versión moderna de esto es que las parejas expresan la fuerza de su vínculo haciendo elaboradas invitaciones para ceremonias de boda, rituales de unión y cualquier celebración que celebren juntos.

Talismanes para la Sabiduría

Los talismanes también se pueden utilizar para reunir sabiduría. Necesitará un talismán, herramientas para hacerlo y una copa de vino o jugo de uva.

- Si va a hacer el talismán pintándole una runa, asegúrese de utilizar productos naturales en lugar de colorantes artificiales.
- Si está tallando las runas, tampoco las grabe demasiado profundamente en la superficie.
- Si bien puede usar varios tipos de runas como talismán de sabiduría, Mannaz funciona mejor para revelar nueva información para la mente consciente.
- Recoja las virutas en un recipiente y mézclalas con miel o hidromiel. Repita lo siguiente:

  "Mientras mezclo estas runas, la dulce fuente de sabiduría,
  Se fusionarán en un vínculo poderoso".

  Tome la copa en tus manos y beba su contenido.
- Su energía ahora está absorbiendo inspiración y sabiduría.
- Puede usar el talismán o dárselo a alguien que pueda beneficiarse del conocimiento adicional. La persona que lo use atraerá una gran cantidad de información que podrá utilizar para mejorar su vida.

Sanación Rúnica y Reiki

Las runas nórdicas también se pueden utilizar para sanar, ya sea en prácticas curativas paganas o de cualquier otro tipo. Un uso interesante de las runas para la curación es combinarlas con los símbolos tradicionales de Reiki. Este método se basa en el sistema de Reiki Rúnico, donde tanto los símbolos nórdicos como los de Reiki se activan de manera similar y el practicante aplica la visualización para ponerlos en práctica. Lo que hace que el Reiki Rúnico sea tan valioso es que facilita la práctica de la curación, ya que no requiere la colocación de las manos como lo hacen las técnicas tradicionales. Esto también hace que el Reiki Rúnico sea perfecto para la curación a distancia. A continuación, se explica cómo utilizar este método:

- Comience visualizando el símbolo de curación para ayudar a disminuir el efecto de la distancia entre usted y el destinatario.

- Sostenga el símbolo de Shai Nal Reiki en sus manos, ya que esto le ayudará a aumentar su poder.

- Visualice trazar una línea alrededor del cuerpo del destinatario con el símbolo de Shai Nal. Debería comenzar por encima de su cabeza y terminar en su segundo chakra.

- Active Shail Nal recitando su nombre tres veces seguidas en su cabeza.

- Dentro de las líneas de este símbolo, visualizará una runa nórdica asociada con la parte del cuerpo que está tratando de sanar.

- Por ejemplo, si quiere aliviar un trauma emocional, utilizará Laguz. Mientras que si desea curar una lesión o dolencia física, deberá utilizar Ehwaz. También puede usar Mannaz para aclarar su mente y Uruz y Fehu para mejorar la salud de alguien.

- Ahora, debería cambiar su enfoque con la ayuda del símbolo Han-so.

- Recite algunas afirmaciones de posición, como, por ejemplo:

  "Te sientes saludable y radiante".

  "No sientes dolor".

- Las declaraciones que transmiten mensajes positivos son más fáciles de procesar para su subconsciente, ya que le resultan más difíciles las declaraciones negativas.

- Mantenga la imagen de Shai Nal sobre el destinatario e intente verlo rodeado de luz rosa o roja.

- Utilice los símbolos de Reiki Rúnico para formar una conexión con una fuente de energía específica, como una deidad nórdica o cualquier otra guía que pueda utilizar.

- Cuando haya terminado, selle su curación combinando visualmente el símbolo de curación a distancia con Algiz (para otra capa de protección) o Sowilo (para agradecer a su guía por permitirle sanar).

Capítulo 9: Magia Nórdica en el Mundo Moderno

En los tiempos modernos, las tradiciones nórdicas no están directamente relacionadas con las creencias de los vikingos. Debido al número limitado de fuentes escritas sobre el tema, tenemos una interpretación más amplia de esta antigua religión. Por lo tanto, los practicantes de hoy en día hacen lo que consideran correcto para ellos.

A diferencia de la mayoría de las otras religiones, la fe nórdica no tiene un libro con todas las respuestas. La mayoría de los seguidores tienen una forma única e individual de hacer las cosas. La Edda poética, por supuesto, es un recurso maravilloso que muestra los cuentos originales de los dioses y sus prácticas con las runas y la adivinación. Pero no le dará todo lo que necesita para familiarizarse con esta religión.

Para que pueda desarrollar su propio método de practicar la magia nórdica, es necesario examinar cómo los practicantes modernos utilizan la magia nórdica y sus tradiciones. Lo primero que debe hacer es comprender cómo la magia nórdica llegó a la fe moderna y cómo ha influido en la forma en que vivimos. Después de eso, puede decidir si quiere practicar individualmente o dentro de una comunidad, ya que hay tantos métodos de práctica comunitaria como independientes. A continuación, analizaremos algunas formas en las que puede incorporar la magia nórdica a su vida diaria y convertirla en parte de su rutina.

Ásatrú (Ásatrúarfélagið)

El paganismo nórdico antiguo Ásatrú, la religión de los colonos vikingos originales, está atravesando una especie de renacimiento. Los caminos espirituales arraigados en las prácticas y creencias de los ancestros nórdicos son comunes en la sociedad moderna. Algunos paganos nórdicos se refieren a sí mismos como paganos, pero otros se refieren a sí mismos como Asatru.

Asatru fue el nombre creado por los neopaganos nórdicos durante la Edad Media. Este término fue acuñado en el siglo XIX para describir la reconstrucción de las tradiciones religiosas de Escandinavia antes de la introducción del cristianismo. En este período, el siglo XIX, Asatru se tradujo aproximadamente como "ser fiel a los Aesir", una de las tribus de dioses nórdicos (Odín, Höðr, Baldr, Frigg, Thor, Freyr y Freya). Aesir, el grupo principal de los dioses nórdicos, se convirtió en el foco de la religión Asatru. El término se refiere a un conjunto de religiones y espiritualidades que se originan en creencias espirituales del norte de Europa.

El concepto Asatru se refiere a ser fiel a los dioses nórdicos y al mismo tiempo reconocer las tradiciones paganas de la era escandinava precristiana. Esto llevó a la creación de nuevas ramas de esta fe.

Ásatrú Moderno

Sveinbjorn Beinteinsson jugó un papel esencial en el establecimiento del reconocimiento de Asatru por parte del gobierno islandés en 1972, a finales de los años sesenta y principios de los setenta. En este punto, comenzaron a aparecer varias organizaciones Asatru por toda Europa y América. Mucha gente en todo el mundo sigue a Asatru, principalmente en organizaciones de Estados Unidos y Europa, e incluso es reconocida como religión oficial en ciertos países europeos.

Hay un gran énfasis en los mitos nórdicos en Asatru, aunque no se consideran hechos históricos. Más bien, se los ve como una guía para alcanzar la grandeza, disfrutar del mundo y utilizar todo lo que nos rodea en nuestro beneficio. Los humanos tenemos una relación íntima con los dioses, ya que a menudo se los considera parte de la naturaleza. Sin embargo, solo acudimos a los dioses en busca de ayuda cuando se han agotado todos los esfuerzos, recursos y todas las demás opciones humanas. Adorar a los dioses nórdicos requiere un regalo. Como resultado, a menudo se hacen sacrificios en forma de ceremonias en las que se comparten comida, bebida y artículos personales. Esto se hace para mantener un fuerte vínculo entre los dioses y nosotros.

Según los seguidores de la tradición Asatru, los objetos se consideran una parte importante de la conexión entre los seres humanos y los dioses. Existe la posibilidad de que los dioses puedan infundir poder a los objetos. Se cree que todas las cosas del universo están conectadas entre sí por un flujo de energía. Como ejemplo, podemos crear un amuleto rúnico o un conjunto de adivinación. En cierto sentido, le estamos vinculando nuestra esencia. Al darle forma, le damos una parte de nosotros mismos y, como ofrenda, podemos dársela a los dioses. A cambio, los dioses nos brindan poder y entusiasmo que nos ayudarán a vivir nuestras vidas por nuestra cuenta. Los dioses son manifestaciones de la realidad espiritual que, a su vez, nos afecta.

Los seguidores de Asatru no rezan a los dioses. En lugar de depender de ritos formales, meditan y buscan sus bendiciones a través de rituales informales. Este aspecto del honor es en sí mismo una forma de oración para vivir una vida buena y moral y expresa el amor a la libertad porque no es autoritaria y es descentralizada. Asatru no tiene un líder espiritual todopoderoso que dicte la verdad al mundo. No existe una conexión directa entre un gurú o sacerdote y los dioses; en cambio, se cree que los dioses son parte de usted.

Ásatrú como una Organización

Sin embargo, la religión tiene algunas jerarquías basadas en organizaciones específicas. Una organización Asatru se conoce como Hermandad. Los sacerdotes de una Hermandad son conocidos como Gothar, que es una forma plural de Gothi o Gythia. Un Gothar es el sacerdocio colectivo de la comunidad Asatru y Folk se le llama a su congregación. Como muchas religiones paganas, esta enfatiza la comunidad como un aspecto esencial de su práctica. Cada miembro de la comunidad tiene un papel importante que desempeñar en la formación de una fuerza unificada que beneficie al conjunto. De esta manera, la comunidad queda protegida, fértil, próspera y acomodada.

Los Gothar son el sacerdocio colectivo de la Comunidad Asatru. Se traduce como aquellos que hablan la lengua piadosa. Un miembro de Gothar es un miembro muy visible de la gran comunidad Asatru. Las personas que deseen convertirse en Gothar deben poseer tres cosas: la sabiduría de Odín, la fuerza de Thor y el amor de Freya. Asatru adora a estas tres deidades principales. Los tres aspectos a menudo se expresan a través de textos sagrados, la pertenencia a una hermandad y el cuidado del pueblo. Además de guiar a la gente con sabiduría, ser fuerte para la comunidad y trabajar en beneficio de la hermandad, se requiere cierta cantidad de amor, amistad y compasión. Por lo general, se espera que se comporten de una manera que sirva de excelente ejemplo a seguir para los demás. Desempeñan un papel esencial en el legado y la historia de quienes practican Asatru. El Althing, un alto consejo de Asatru, establece los estatutos que la gente debe cumplir. Los portavoces del Althing, la voz destacada del consejo, son elegidos por su hermandad.

Asatru es una religión que se adapta a las necesidades modernas y, como tal, muchas organizaciones Asatru pueden hacer las cosas de manera diferente, pero los cánones de esta religión son los conceptos básicos antes mencionados.

Diferentes Organizaciones Ásatrú

Existe una maravillosa variedad de espiritualidades Asatru modernas basadas en tradiciones paganas. Asatru es la rama neopagana más famosa y existen diferencias de una organización a otra. Por ejemplo, una se centrará únicamente en los Aesir, es decir, Odín, Höðr, Baldr, Frigg, Thor, Freyr y Freya; dioses del cielo, dioses de la guerra, ley, justicia, poesía y sabiduría. Otras se centran más en las realidades sociales y la necesidad de mantener el orden, con énfasis en la fertilidad, la prosperidad, la abundancia y la magia.

En otras palabras, Asatru es una reconstrucción politeísta neopagana basada en ciertos aspectos religiosos e históricos de la Escandinavia precristiana. Es un resurgimiento de la religión indígena precristiana del pueblo nórdico.

Los seguidores de esta fe, sin embargo, reconocen que otras personas tienen sus propios dioses además de interactuar con los dioses nórdicos. Es importante señalar que los seguidores de Asatru no creen que sus dioses representen los únicos dioses verdaderos. No hay estructuras jerárquicas, dogmas o libros sagrados en el centro de la religión, que es una reconstrucción de una tradición religiosa. Debido a esto, las prácticas religiosas pueden diferir en la interpretación según su entorno.

Odinismo

El odinismo es otra forma de organización de la teología nórdica. Lleva el nombre del dios Odín. Fue reconstruida en los tiempos modernos como una religión relacionada con el paganismo, las runas, la mitología y el folclore germánicos. La primera mención del odinismo se remonta a la década de 1820. En 1840, el término fue utilizado por Thomas Carlyle, ensayista, historiador y filósofo escocés. Quienes practican el odinismo son asociados con paganos e incluso con supremacistas blancos. A los que practican con Odín a menudo se les ve usando un colgante con el martillo de Thor alrededor del cuello.

En toda Europa y partes de América, el odinismo seguiría practicándose y modificándose desde sus inicios. Hoy en día hay muy poca investigación sobre el Odinismo porque ha sido borrado y cambiado a lo largo de la historia. Especialmente cuando el cristianismo se abrió paso en el mundo. Cuando llegó el cristianismo, se rechazó en gran medida el paganismo de cualquier tipo, incluido el odinismo.

A mediados de la década de 1970 se fundó en Gran Bretaña el Comité para la Restauración del Rito Odínico o Comité Odinista. Representa un resurgimiento moderno de las prácticas mágicas nórdicas bajo el término odinismo. En 1980, la organización cambió su nombre a El Rito Odínico tras el creciente interés en restaurar la fe Odínica.

Las creencias del odinismo moderno son politeístas, lo que significa que creen en más de una deidad. La era vikinga representa solo una pequeña porción de la evolución y la historia del Rito Odínico. Desdeñan términos como religión vikinga o Asatru.

Según el Rito Odínico, los miembros deben vivir de acuerdo con las Nueve Nobles Virtudes, que se basan en escritos que se encuentran en la Edda Poética como El Sigrdrífomál y El Hávamál:

- Autosuficiencia
- Perseverancia
- Disciplina
- Honor
- Coraje
- Laboriosidad
- Hospitalidad
- Fidelidad
- Verdad

Práctica Moderna de la Magia Nórdica

Existe un consenso general de que la magia se puede dividir en magia buena y magia mala. Por muy común que sea esto entre la población general, también prevalece en las teorías. Los pueblos germánicos precristianos, sin embargo, tenían ideas fundamentalmente diferentes sobre la magia y la utilizaban de diversas maneras. Como resultado, la magia moderna implica sintonizarse con la naturaleza y discernir el destino para lograr sus objetivos.

Haciendo las Cosas Solo

El hecho de que no exista una única forma de practicar resulta convincente para muchos seguidores. Tiene que descubrirlo todo por sí mismo. Pero es a través de este autodescubrimiento e investigación que aprenderá y se convertirá en una mejor versión de sí mismo. A medida que avanza por este camino, puede descubrir que implica mucho tiempo a solas. A diferencia de otras organizaciones, existe una falta de aprendizaje y práctica comunitarios. El culto solitario a los dioses y la práctica de la adivinación se llevan a cabo en solitario porque es una religión basada en la naturaleza, que implica crecimiento personal y autoexploración. También es una exploración de la relación con los dioses, por lo que pasará mucho tiempo con velas, fuegos, libros y runas. Aprender más sobre los dioses y la fe está fuertemente vinculado a la práctica y la investigación.

Comunidad

A pesar de este aspecto solitario de la práctica nórdica moderna, existe una comunidad bien informada. Una vez que sepa cómo encontrar a sus compañeros practicantes, podrá empezar a aprender más y más. Es posible conocer a otras personas que han tenido experiencias únicas y hablar y aprender de ellas. Las redes sociales son una excelente manera de conectarse con otras personas que comparten sus creencias e intereses. Otros practicantes se reúnen para asistir a reuniones y el aspecto comunitario de sus respectivas religiones puede inspirarlo a continuar en su camino de adivinación, magia y fe.

Encuentros

La antigua religión nórdica todavía se practica abiertamente, tal como se hacía durante la época vikinga. Algunos practicantes alaban y hacen ofrendas, se hacen brindis y se celebran banquetes en su honor. Mientras que algunas personas desearán prosperidad y salud brindando por los dioses de la fertilidad Freya y Njörd, otras pueden invocar a Odín por su sabiduría o alabar a Thor por su fuerza al enfrentar un desafío. Algunos creyentes nórdicos se reúnen en grupos y van a sitios específicos para adorar a los dioses y su magia. Hacen ofrendas en lugares de culto precristianos para sentir el poder de sus antepasados. Entre las posibles ubicaciones se encuentran túmulos funerarios de la Edad del Bronce o entornos de barcos de la Edad Vikinga. Generalmente se forma un círculo ceremonial entre los participantes. Dentro del círculo, esto crea un "espacio sagrado" que conecta con el mundo de los dioses. Luego, el círculo se cierra ceremonialmente nuevamente después de que los participantes hayan presentado sus respetos a sus dioses. Cada año se llevan al altar un total de cuatro ofrendas durante el solsticio de verano, el solsticio de invierno, el equinoccio de otoño y el equinoccio de primavera.

Estas reuniones de grupo suelen estar formadas por practicantes individuales. Pero hay organizaciones como el Odinismo y Asatru que realizan servicios semanales.

Prácticas Diarias para Incorporar a Su Vida

En las actividades relacionadas con lo nórdico, cada individuo adora a los dioses y a la naturaleza a su manera. Cualquiera que sea el método que funcione mejor para cada persona es el correcto.

Amuletos y Encantamientos

Los amuletos se han utilizado durante miles de años
https://unsplash.com/photos/rsjwsaTLGgE

Durante miles de años, la gente ha usado joyas específicas relacionadas con los nórdicos como una forma de expresar su fe. Y hasta el día de hoy, hay miles de personas en todo el mundo que hacen lo mismo. Ya sea en forma de Mjölnir (el martillo de Thor) o amuletos rúnicos, es un método poderoso para ayudar a reflexionar sobre lo que simbolizan estas cosas. La guía de Thor para la fuerza, pero también la protección de los dioses y su honor hacia ellos.

Naturaleza

Tómese 10 o 15 minutos para sentarse al aire libre todos los días. No importa el clima, observe el mundo que lo rodea y piense realmente en su fe. Debido a que la naturaleza es un aspecto tan esencial de esta fe, encontrar un lugar al que pueda escapar solo unos minutos cada día marcará una gran diferencia en la forma en que se conecta con ella. Necesita la naturaleza para separarse del mundo exterior. Ya sea un solo árbol, un arbusto, un trozo de césped o incluso una planta en una maceta en su casa, encuentre un lugar donde pueda desaparecer y reconectarse con la naturaleza, aunque sea por unos minutos.

No Espere Resultados Inmediatos

Al adherirse a las creencias de las tradiciones nórdicas, tendrá estos grandes momentos de realización y conciencia. Es posible que no sucedan todos los días o todas las semanas. Puede que ni siquiera ocurran todos los meses. En su mayor parte, vivimos nuestras vidas como lo hacemos normalmente, pero aún es posible aportarles un poco más de fe y ritmo con cada pequeño paso que damos hacia la comprensión de estas complejas tradiciones. Por eso es importante no esperar tanto y demasiado pronto. Los grandes momentos llegarán cuando deben llegar. Los dioses le mostrarán las señales cuando deba verlas. Y mientras tanto, no tiene nada de malo disfrutar de un poquito de paz para sentarse a disfrutar de la naturaleza y tomar nota de las pequeñas señales del día a día.

Altar Interior

Otra excelente manera de incorporar las tradiciones nórdicas a su vida es creando un altar interior. Puede ser del estilo o tamaño que desee. Algunas personas tendrán una figura de Thor, junto con algunas hierbas, velas e incienso. Mientras que otras llenarán su mesa con sus runas, amuletos y cristales. Esto permite a los practicantes sentirse conectados con los dioses mientras están fuera de casa. Saber que están ahí cuando llegue a casa puede crear una tremenda fuerza y determinación a lo largo del día. También puede construir un altar al aire libre para representar su apego al mundo natural. Mantener su altar y mantenerlo limpio y organizado mientras lo decora como desee es una excelente manera de conectarse con su fe y las posibilidades mágicas que puede brindar.

Un santuario también puede incluirse en una ofrenda a los dioses. Pasar tiempo frente a su santuario o altar para los dioses, ancestros o espíritus y meditar puede ayudarle a sentirse conectado con ellos.

Nuestra discusión anterior ha enfatizado la importancia de los pequeños detalles en su aventura nórdica. No nos es posible cazar un jabalí para sacrificarlo a Odín como los vikingos o nuestros ancestros paganos. Por lo tanto, hacer estas pequeñas ofrendas es una forma honorable de rendir homenaje a la historia de la tradición nórdica, incluso si no podemos hacerlo a gran escala.

Hay varias formas de mantenerse conectado y tener un momento extra para reflexionar sobre su viaje. Si tiene algo que hacer que cree que podría ser útil para otros, o si simplemente quiere compartir su historia o sus rituales diarios como pagano nórdico, puede compartirlos con el mundo. Crear una plataforma para contar su historia, ya sea en las redes sociales, un sitio web o un libro, puede ser una excelente manera de aprender de sus experiencias e inspirar a otros a lo largo del camino. Ser capaz de permanecer conectado fuera de esos momentos importantes de la vida es una de las disciplinas más desafiantes de esta fe.

Después de leer este capítulo sobre las tradiciones de la magia nórdica y sus usos en la sociedad moderna, ha dado uno de los pasos más importantes en su viaje mágico. No hay duda de que esto le ayudará a ampliar sus horizontes espirituales y tendrá una mejor comprensión de otras realidades espirituales, lo que, a su vez, lo ayudará a dar ese paso adelante, traspasar la valla y saltar gradualmente hacia las posibilidades de la magia nórdica.

Bonus: Lista de Runas y Su Simbolismo

En esta sección, encontrará una guía de referencia rápida de todas las runas del Futhark antiguo. Se enumeran los nombres de las runas, los Aetts a las que pertenecen y sus lugares correspondientes dentro de cada Aett. Puede volver a consultar esta página siempre que necesite un repaso sobre la pronunciación de los nombres de las runas o el significado de su Simbolismo Mágico.

Aettir (forma plural de aett) es el término utilizado para dividir las runas del Futhark antiguo en tres partes iguales. La división permite a los estudiantes estudiar de manera estructurada. Antes de pasar al siguiente paso, a muchas personas les gusta entender mejor el anterior. Los temas de cada Aett son diferentes, pero también hay algunos puntos en común. Si bien cada aett es singularmente único por sí solo, cada uno también representa luminosidad de una forma u otra. Los tres Aett tienen una runa que representa riqueza de alguna manera y al menos una que representa peligro.

El Primer Aett: El Aett de Freya

El primer Aett pertenece a Freya, la diosa nórdica de la belleza, la fertilidad y el amor. Esta colección de runas trata sobre el disfrute, el amor, las emociones, la felicidad y la presencia física. También se refiere a la creación, el crecimiento y los comienzos.

El Aett de Freya representa a la cuidadora, la madre, el granjero y el comerciante. También es el Aettir de primer grado, ya que representa el ciclo de la vida.

En Aett de Freyr, las runas representan lo que se necesita para vivir una vida plena, experimentar e interactuar con otros humanos y experimentar lo divino.

FEHU

Valor de Letra: F

Pronunciación en Español: "FÉ-hu"

Traducción: Ganado, prosperidad, propiedad, esperanza, felicidad, abundancia, riqueza y ganancia financiera.

Simbolismo Mágico: Alcanzar metas, suerte, nuevos comienzos, abundancia, éxito, suerte.

En la Práctica: Enfoca sus energías donde desee experimentar el mayor éxito en su vida, ya que representa abundancia, logros y prosperidad.

URUZ

Valor de Letra: U

Pronunciación en Español: "Ú-ruz"

Traducción: Buey salvaje, cambio inesperado, fuerza vital, indomabilidad, fortaleza, poder y buena salud física y mental.

Simbolismo Mágico: Comprensión, fuerza, velocidad, energía, coraje, dedicación, vitalidad.

En la Práctica: Uruz ayuda a dar forma al mundo que lo rodea. Puede guiarlo tanto física como mentalmente y puede referirse a muchos aspectos del cambio; podría significar que tendrá más fuerza o que su fuerza será desafiada. Uruz también se ocupa de su fortaleza pasada, de su salud y de sus acciones que regresan para atormentarlo.

THURISAZ

Valor de Letra: TH

Pronunciación en Español: "THÚR-i-saz"

Traducción: Gigante, dios del trueno, el relámpago, la espina, la precaución, la fuerza defensiva y la perturbación.

Simbolismo Mágico: Se concentra en deshacerse de lo negativo, la regeneración, la concentración y la autodisciplina.

En la Práctica: Thurisaz son las dos caras de la misma moneda: puede tratarse de protección, pero la misma fuerza que protege también puede destruir. El nombre proviene de "Thor", el dios del rayo, y sabemos por la leyenda que puede destruir tanto como puede crear.

ANSUZ

Valor de Letra: A

Pronunciación en Español: "ÁN-suz"

Traducción: El Padre de Todo, Odín y los demás dioses están representados por "A". Significa sabiduría, vida, comunión, boca, escucha y profecía.

Simbolismo Mágico: Liderazgo, comunicación, sabiduría, señales, salud.

En la Práctica: Ansuz está vinculado a Odín y los dioses ancestrales. Representa una comunicación sabia y una escucha bien intencionada, tanto a uno mismo como a los demás.

RAIDHO

Valor de Letra: R

Pronunciación en Español: "Ra-ÍD-ho"

Traducción: Viaje y cambio, descanso y ritmo, viaje, vagón, impulso, el panorama general.

Simbolismo Mágico: Genera cambio, protección para los viajeros, ritmo, facilita el cambio y la reconexión.

En la Práctica: Raidho es la contemplación de lograr algo y la disciplina para lograrlo. Esta runa es el poder de avanzar hacia nuestros destinos deseados.

KENAZ

Valor de Letra: K/C

Pronunciación en Español: "KÉN-az"

Traducción: Fuego, energía, antorcha o faro, luz, pasión, transformación y creación.

Simbolismo Mágico: Luz, motivación, regeneración, inspiración, regeneración.

En la Práctica: Como una antorcha, Kenaz ilumina el camino en la oscuridad. Kenaz es la energía controlada o llama ardiente que puede crear y transformar. Cuando mira dentro, puede encontrar a Kenaz, su ardiente pasión. Cuando se concentra en su pasión ardiente, puede mantener alejadas las influencias negativas.

GEBO

Valor de Letra: G

Pronunciación en Español: "GÉB-o"

Traducción: Unión, don, generosidad, intercambio, gratitud, dar y recibir, sacrificio (de uno mismo), perdonar y ofrecer.

Simbolismo Mágico: Equilibrio, suerte, fertilidad, asociación exitosa, generosidad.

En la Práctica: El hecho de dar o recibir un regalo está representado por Gebo. Deberíamos recibir un regalo tan bien como lo damos, y no debería haber expectativas sobre lo que estamos a punto de recibir o el papel de la otra persona en el proceso.

WUNJO

Valor de Letra: W

Pronunciación en Español: "WÚN-yo"

Traducción: Armonía, plenitud, alegría, bienestar, alineación, alegría, éxtasis y equilibrio.

Simbolismo Mágico: Felicidad, armonía, alegría, prosperidad, éxito, motivación.

En la Práctica: Wunjo representa el cumplimiento de metas. Siempre que estemos en armonía con nuestros objetivos y trabajemos juntos, prosperaremos y creceremos.

El Segundo Aett: El Aett de Hagal

El Segundo Aett, Hagal, representa las fuerzas que nos rodean. En la mayoría de los casos, estas no están gobernadas por la inteligencia, sino por las fuerzas de la naturaleza.

Hagal es un guerrero. Muestra un coraje y una tenacidad infinitos a pesar de las abrumadoras dificultades. Los componentes clave de este Aett son el dinero, los logros, el poder, las victorias y el éxito. Una fuerza fuera de nuestro control está presente en Hagal.

La neutralidad es su característica definitoria. Son las runas de Aett de Hagal las que hablan de sucesos inesperados en la vida, como interrupciones, cambios, progreso estancado y buena suerte imprevista. Nada dura para siempre, por eso nos ayudan a superar las partes más desafiantes de nuestras vidas.

HAGALAZ

Valor de Letra: H

Pronunciación en Español: "HÁ-ga-laz"

Traducción: Granizo, destrucción, dificultades repentinas, cambio violento de naturaleza y tardanza.

Simbolismo Mágico: Destructivo, clima peligroso, ruptura de patrones destructivos, ira de la naturaleza, fuerzas incontroladas.

En la Práctica: Hagalaz se trata de ser paciente e ingenioso para lo que se le presente. Puede haber obstáculos, desafíos y retrasos, y usted debe aceptar este retraso y esta interrupción, contento de que sea parte de su cambio y viaje.

NAUTHIZ

Valor de Letra: N

Pronunciación en Español: NÁUD-iz"

Traducción: Necesidad, angustia, deseo de triunfo, estancamiento y manifestación de cambio.

Simbolismo Mágico: Supervivencia, frustración, resistencia, obstáculos, determinación.

En la Práctica: Naudhiz es una manifestación de angustia, lucha y necesidad, pero también es una manifestación de superación de esos desafíos.

ISA

Valor de Letra: I

Pronunciación en Español: "Í-sa"

Traducción: Frío, invierno, hielo, cambio, impulso, quietud, retraso, espera, nuevos comienzos y pausas.

Simbolismo Mágico: Refuerzo de otros tipos de magia, hielo, obstáculos, bloqueos, congelamiento, reflexión.

En la Práctica: Isa es la calma antes de la tormenta, la quietud que surge del cambio en su vida. Cuando sentimos que estamos estancados, a menudo no es así, e Isa son nuestras viejas costumbres y hábitos que están arraigados en nuestra mente. Necesitamos el estancamiento para lograr el cambio.

JERA

Valor de Letra: J / Y

Pronunciación en Español: "YÉR-a"

Traducción: Ciclos, círculos, tiempo, movimiento, recompensas, valor, cosecha de lo sembrado y premio de nuestro esfuerzo.

Simbolismo Mágico: Fructificación, eliminación del estancamiento, crecimiento, cosecha, creación de cambio.

En la Práctica: La noche da paso al día. Hay nuevos ciclos a nuestro alrededor, como el amanecer después del anochecer. Ha comenzado un nuevo ciclo y, con Jera, será recompensado por su arduo trabajo.

EIHWAZ

Valor de Letra: E / I

Pronunciación en Español: "ÉI-waz"

Traducción: El gran tejo, larga vida, sabiduría, vida y muerte, sacrificio, nuevos comienzos y pasar a la siguiente etapa.

Simbolismo Mágico: Para facilitar una transición de vida, defensa, transformación, protección, provocación de cambio.

En la Práctica: Eihwaz simboliza el tejo, que representa la vida y la muerte. Esta muerte, sin embargo, no siempre es literal. Puede significar transiciones. Cerrar la puerta para permitir que otra se abra. Para avanzar hay que dejar el pasado en el pasado.

PERTHRO

Valor de Letra: P

Pronunciación en Español: "PÉR-thro"

Traducción: Lo que está por venir, misterios, lo oculto, secretos, el yo, lo que hay dentro, el destino y la invocación.

Simbolismo Mágico: Conocimiento de secretos, fertilidad, potenciación de uno mismo y de poderes, control de la incertidumbre.

En la Práctica: Perthro representa el Karma. Nuestra situación actual es el resultado de las acciones que nosotros o alguien más ha tomado en el pasado. Ayuda con la contemplación.

ALGIZ

Valor de Letra: Z

Pronunciación en Español: "ÁL-giz"

Traducción: Suerte, defensa, buenos augurios, alces, instinto y autoprotección, refugio seguro y la conexión con lo que es más que usted.

Simbolismo Mágico: Canalización de energía, escudo, protección, resguardo contra el mal, guardián.

En la Práctica: Algiz es una fuerza de protección. Puede ser una señal de que uno necesita buscar refugio. Algiz también es un presagio de suerte, fortalece la conciencia y brinda orientación a quienes la necesitan.

SOWILO

Valor de Letra: S

Pronunciación en Español: "So-WÍ-lo"

Traducción: Poder, espíritu, fuerza, salud y vitalidad, iluminación, energía, bondad, éxito y su crecimiento.

Simbolismo Mágico: Fuerza cósmica, energía, curación, fuerza, limpieza, éxito.

En la Práctica: Sowilo atraviesa la oscuridad y sus propias dudas, brindándole la oportunidad de crecer y cambiar, de expandirse y convertirse en la persona que sabe que puede ser. Puede encontrar su propósito y mirar hacia su objetivo final.

El Tercer Aett: El Aett de Tyr

Este tercer conjunto de runas aborda las fuerzas internas que encontramos a medida que recorremos el camino descrito en el Primer Aett y lidiamos con las fuerzas externas del Segundo Aett.

Como símbolo de victoria y protección, Tyr simboliza los valores morales, la justicia, los logros espirituales, la comprensión, la expiación, el establecimiento del orden y todos los asuntos relacionados con la autoridad y la política. Se centra en el desarrollo intelectual, la comprensión y el crecimiento espiritual.

Existen conexiones directas entre las runas del Aett de Tyr y las deidades antiguas, las fuerzas naturales y la humanidad misma, lo que ilustra aspectos de la danza entre los reinos visibles e invisibles.

TIWAZ

Valor de Letra: T

Pronunciación en Español: "TÍ-waz"

Traducción: El Dios Tyr, victoria, valentía, coraje, necesidad de justicia, honor y sacrificio por el bien mayor.

Simbolismo Mágico: Victoria, protección, voluntad reforzada, fuerza, curación de una herida, análisis.

En la Práctica: Tiwaz es un símbolo de enfrentar la oposición con valentía y es una influencia directa del dios nórdico de la guerra y el derramamiento de sangre, Tyr. Tiwaz significa fuerza y valentía.

BERKANA

Valor de Letra: B

Pronunciación en Español: "BÉR-ka-na"

Traducción: Nuevos comienzos y renacimiento, un cambio, nuevas fases en la vida, relaciones, proyectos, el abedul y los ciclos de la vida.

Simbolismo Mágico: Empezar de nuevo, aliento, deseo, sanación, regeneración, liberación.

En la Práctica: Berkano, que simboliza las transiciones de la vida, representa el crecimiento y un nuevo comienzo. Berkano nos recuerda que cada final trae un nuevo comienzo y cada fase trae sus propios desafíos y celebraciones.

EHWAZ

Valor de Letra: E

Pronunciación en Español: "É-waz"

Traducción: Asociación y cooperación, caballos, lealtad, avanzar, progreso y trabajadores juntos.

Simbolismo Mágico: Energía, poder, confianza, progreso, comunicación, progreso, cambio, transporte.

En la Práctica: Ehwaz representa un esfuerzo colaborativo para incitar al cambio y al progreso. La confianza y la lealtad son esenciales para las relaciones exitosas entre socios o entre las partes en conflicto de nosotros mismos.

MANNAZ

Valor de Letra: M

Pronunciación en Español: "MÁN-naz"

Traducción: Potencial divino y humano, sabiduría, inteligencia, razonamiento, tradiciones y hábitos, autodesarrollo, equilibrio y razón.

Simbolismo Mágico: Orden en la vida, inteligencia, pensamiento, habilidad, destreza, crear.

En la Práctica: Mannaz simboliza inteligencia, racionalidad y tradición. La búsqueda de un equilibrio perfecto en la vida es el autodesarrollo. La runa Mannaz puede ayudarlo a aumentar el pensamiento racional y controlar sus emociones.

LAGUZ

Valor de Letra: L

Pronunciación en Español: "LÁ-gud"

Traducción: Agua, intuición, flujo, limpieza, viaje interior, profundidad de la personalidad.

Simbolismo Mágico: Estabilización de emociones y agitación, mejora de las habilidades psíquicas, descubrimiento de la verdad y enfrentar los miedos.

En la Práctica: Toda la vida proviene del agua, que está representada por Laguz. Del mismo modo, el agua simboliza nuestro viaje emocional y el fluir de nuestra vida. A través de él, podemos afrontar el crecimiento difícil y la transición a través de las transiciones de la vida.

INGWAZ

Valor de Letra: NG

Pronunciación en Español: "ÍNG-waz"

Traducción: Sexualidad, fertilidad, autodesarrollo, energía, potencial, familia, antepasados y hacer las cosas en el momento adecuado.

Simbolismo Mágico: Fuerza, crecimiento, salud, equilibrio, conexión a tierra, conexión.

En la Práctica: La energía potencial está representada por Ingwaz. Un recordatorio de que las cosas no se pueden apresurar. La runa lo ayuda a prepararse para lo que está por venir, para que tenga la energía lista para ser transformado, lo que ayuda a su paciencia y construye su fuerza.

DAGAZ

Valor de Letra: D

Pronunciación en Español: "DÁ-gaz"

Traducción: Cambio inmediato, la luz venidera, la iluminación de los dioses, la superación personal, la inspiración, la sabiduría, el día.

Simbolismo Mágico: Claridad, positividad, despertar, conciencia, transformación.

En la Práctica: Una nueva era comienza con Dagaz, que representa la inspiración divina y el fin de una era. Si se deja llevar y disfruta de la belleza de la vida, encontrará a su musa a su alrededor.

OTHALA

Valor de Letra: O

Pronunciación en Español: "o-THÁ-la"

Traducción: Espíritu, sabiduría, inteligencia, talento, acogida, comunidad, personas, antepasados, edificios físicos y encontrar sus raíces.

Simbolismo Mágico: Influencia sobre posesiones, patrimonio, experiencia, ascendencia, herencia y valor.

En la Práctica: Tenemos un legado con Othala. Todos tenemos tanto lo material como lo espiritual a nuestro alrededor. OTHALA representa los bienes espirituales y materiales que hemos alcanzado. Debemos utilizar Othala para construir y hacer crecer mejor nuestras vidas.

Vea más libros escritos por Mari Silva

Referencias

Futhark Magic: A Study of Ancient Runes - SnitchSeeker.com. (s.f.). Snitchseeker.Com. https://www.snitchseeker.com/term-27-january-april-2011/futhark-magic-a-study-of-ancient-runes-78018/

Dan. (14 de noviembre de 2012). *Runes*. Norse Mythology for Smart People. https://norse-mythology.org/runes/

Dan. (29 de junio de 2013). *Runic Philosophy and Magic*. Norse Mythology for Smart People. https://norse-mythology.org/runes/runic-philosophy-and-magic/

Gol stave church. (13 de abril de 2019). Stavechurch.com. https://www.stavechurch.com/gol-stave-church/?lang=en

Harper, B. (15 de octubre de 2018). *47 Harry Potter spells to memorize while you're waiting for your Hogwarts letter*. Fatherly. https://www.fatherly.com/entertainment/25-harry-potter-spells-charms-everyone-should-know

McKay, A. (21 de agosto de 2020). *Viking runes: The historic writing systems of northern Europe*. Life in Norway. https://www.lifeinnorway.net/viking-runes/

Page, R. I. (1998). *Runes and runic inscriptions: Collected essays on Anglo-Saxon and viking runes*. Boydell Press.

Runemarks: Using runes. (s.f.). Joanne-harris.co.uk. http://www.joanne-harris.co.uk/books/runemarks/runemarks-using-runes/

Runer og magi. (s.f.). Avaldsnes. https://avaldsnes.info/en/viking/lorem-ipsum/

S., J. (27 de abril de 2021). *How to read rune stones*. Norse and Viking Mythology [Best Blog] - Vkngjewelry; vkngjewelry. https://blog.vkngjewelry.com/en/rune-divination-how-to-read-the-runes/

Sørensen, A. C., & Horte, R. M. J. (s.f.). *Runes.* Vikingeskibsmuseet i Roskilde. https://www.vikingeskibsmuseet.dk/en/professions/education/viking-age-people/runes

Thornton, A. (11 de junio de 2022). *Norse runes: Ultimate guide to the Vikings' Nordic alphabet.* Seek Scandinavia; Houseplant Authority. https://seekscandinavia.com/norse-runes/

Viking runes and runestones. (8 de junio de 2014). History. https://www.historyonthenet.com/viking-runes-and-runestones

Wigington, P. (22 de diciembre de 2008). *The Norse Runes - A basic overview.* Learn Religions. https://www.learnreligions.com/norse-runes-basic-overview-2562815

Williams, J. A. (s.f.). *The power and mystery of the runes.* Curious Historian https://curioushistorian.com/the-power-and-mystery-of-the-runes

Zhelyazkov, Y. (2 de febrero de 2022). *Norse runes explained – meaning and symbolism.* Symbol Sage. https://symbolsage.com/norse-runes-meaning-symbolism/

(s.f.-a). Holisticshop.co.uk. https://www.holisticshop.co.uk/articles/guide-runes

(s.f.-b). Viking-styles.com https://viking-styles.com/blogs/history/runes

20 Children of Odin: Who are they? (15 de mayo de 2021). Myth Nerd. https://mythnerd.com/children-of-odin/

Balder – loved by everyone. (s.f.). Historiska.Se. https://historiska.se/norse-mythology/balder-en/

Dan. (14 de noviembre de 2012a). *Norse mythology for Smart People - the ultimate online guide to Norse mythology and religion.* Norse Mythology for Smart People. https://norse-mythology.org/

Dan. (15 de noviembre de 2012b). *Bifrost.* Norse Mythology for Smart People. https://norse-mythology.org/cosmology/bifrost/

Dan. (15 de noviembre de 2012c). *Fenrir.* Norse Mythology for Smart People. https://norse-mythology.org/gods-and-creatures/giants/fenrir/

Dan. (15 de noviembre de 2012d). *Freyr.* Norse Mythology for Smart People. https://norse-mythology.org/gods-and-creatures/the-vanir-gods-and-goddesses/freyr/

Dan. (15 de noviembre de 2012e). *Jormungand.* Norse Mythology for Smart People. https://norse-mythology.org/gods-and-creatures/giants/jormungand/

Dan. (15 de noviembre de 2012f). *Muspelheim.* Norse Mythology for Smart People. https://norse-mythology.org/cosmology/the-nine-worlds/muspelheim/

Dan. (15 de noviembre de 2012g). *Odin's Discovery of the runes.* Norse Mythology for Smart People. https://norse-mythology.org/tales/odins-discovery-of-the-runes/

Dan. (15 de noviembre de 2012h). *Ragnarok.* Norse Mythology for Smart People. https://norse-mythology.org/tales/ragnarok/

Dan. (15 de noviembre de 2012i). *The Creation of Thor's Hammer.* Norse Mythology for Smart People. https://norse-mythology.org/tales/loki-and-the-dwarves/

Dan. (15 de noviembre de 2012j). *The Death of Baldur.* Norse Mythology for Smart People. https://norse-mythology.org/tales/the-death-of-baldur/

Dan. (15 de noviembre de 2012k). *The Norns.* Norse Mythology for Smart People. https://norse-mythology.org/gods-and-creatures/others/the-norns/

Dan. (15 de noviembre de 2012l). *Valhalla.* Norse Mythology for Smart People. https://norse-mythology.org/cosmology/valhalla/

Dan. (15 de noviembre de 2012m). *Why Odin is one-Eyed.* Norse Mythology for Smart People. https://norse-mythology.org/tales/why-odin-is-one-eyed/

Dan. (15 de noviembre de 2012n). *Yggdrasil.* Norse Mythology for Smart People. https://norse-mythology.org/cosmology/yggdrasil-and-the-well-of-urd/

Dan. (20 de mayo de 2014). *Skoll and Hati.* Norse Mythology for Smart People. https://norse-mythology.org/skoll-hati/

Elly, M. (11 de mayo de 2018a). *The punishment of Loki.* BaviPower. https://bavipower.com/blogs/bavipower-viking-blog/the-punishment-of-loki

Elly, M. (6 de julio de 2018b). *Odin's Sons in Norse Myth.* BaviPower. https://bavipower.com/blogs/bavipower-viking-blog/odins-sons-in-norse-myth

Manea, I.-M. (2022). Magic rings in Norse mythology. *World History Encyclopedia.* https://www.worldhistory.org/article/1950/magic-rings-in-norse-mythology/

Mark, J. J. (2021). Sif. *World History Encyclopedia.* https://www.worldhistory.org/Sif/

No title. (s.f.). Study.com. https://study.com/academy/lesson/what-is-norse-mythology-overview-deities-stories.html